汽车服务业从业技能
指导丛书

一册在手 · 从业无忧

王　靖 ◎ 编著

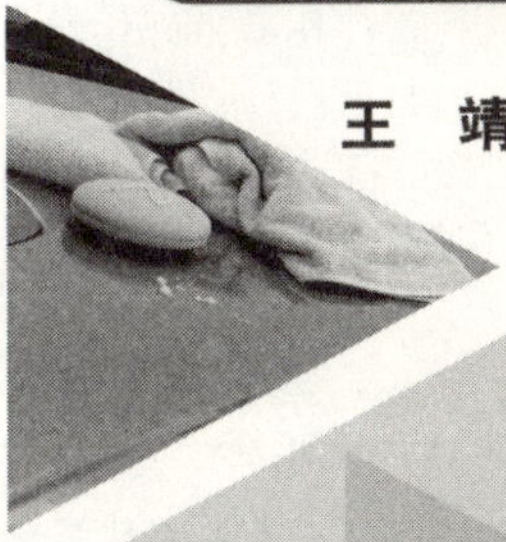

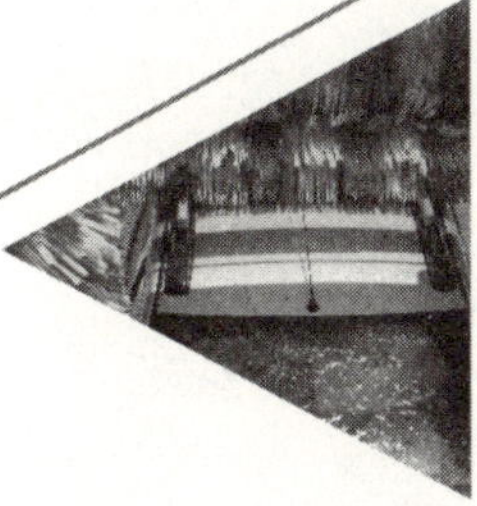

GEN WO XUE QICHE MEIRONG

跟我学汽车美容

汽车美容师入职必读

SPM
南方出版传媒
广东经济出版社
·广州·

图书在版编目（CIP）数据

跟我学汽车美容：汽车美容师入职必读／王靖编著．—广州：广东经济出版社，2017.6
ISBN 978-7-5454-5027-9

Ⅰ.①跟… Ⅱ.①王… Ⅲ.①汽车—车辆保养—职业培训—教材Ⅳ.①U472

中国版本图书馆CIP数据核字（2016）第282832号

出 版 人：姚丹林
责任编辑：甘雪峰
责任技编：许伟斌
封面设计：张建民

出版发行	广东经济出版社（广州市环市东路水荫路11号11～12楼）
经销	全国新华书店
印刷	茂名广发印刷有限公司 （茂名市计星路60号大院）
开本	787毫米×1092毫米 1/16
印张	12.25 1插页
字数	204 000字
版次	2017年7月第1版
印次	2017年7月第1次
书号	ISBN 978-7-5454-5027-9
定价	35.00元

如发现印装质量问题，影响阅读，请与承印厂联系调换。
发行部地址：广州市环市东路水荫路11号11楼
电话：（020）38306055 37601950 邮政编码：510075
邮购地址：广州市环市东路水荫路11号11楼
电话：（020）37601980 营销网址：http://www.gebook.com
广东经济出版社新浪官方微博：http://e.weibo.com/gebook
广东经济出版社常年法律顾问：何剑桥律师

序

在我国步入“十二五”发展时期后，加强职业培训，不仅对推进素质就业具有积极作用，并且对培养技能型创新型人才具有重要意义。加快实现经济发展方式的转变，要求将科技进步和提高劳动者素质作为经济发展的内生动力，进一步凸显了加强职业培训的重要性和迫切性。

中国已经成为了一个巨大的汽车消费市场，而据美国、日本等发达国家的经验证明，汽车售后服务市场是汽车产业链中最稳定的利润来源，可占据总利润的60%～70%左右，而整车的销售利润却只有20%左右。目前，相对于整车销售的利润缩水，中国的汽车售后服务市场利润率高达40%。于是，一个广阔的市场开始形成，一个崭新的行业开始出现，这就是中国汽车后续服务美容养护业。由此带来的从业人员和新增岗位会越来愈多，据估计，目前我国这个行业的从业人数有约300万人。另据权威数据显示：按国际标准计算，中国汽车产业现有规模应该相应的有超过2000万人次的汽车服务从业人员，针对这些新生劳动力和新的岗位需要加以完善和培训。

汽车服务后市场这个汽车业的黄金产业，和国外的汽车市场由销售市场到服务市场一步步走向成熟的模式不一样，我国汽车市场的变化太迅速了。前几年还处于井喷期的销售市场，目前竞争已经白热化了。服务成为汽车销售第二战场，如何做好服务市场，把握商机，这是汽车行业管理者思考的问题。

针对这些新生劳动力和新的岗位需要加以完善和培训，同时，对于汽车后续服务美容养护业也亟待规范。

基于此，“汽车服务业入职必读手册”岗位培训图书和《汽车服务企业全程解决方案》一书努力实现以就业为导向，突出实用性和专业性，重点指导学生、学员和操作者的技术运用能力、岗位从业能力和职业发展能力，是一套具有较强实用性特色的教材和学习读本。

新编“汽车服务业入职必读手册”岗位培训图书和《汽车服务企业全程解决方案》一书符合国务院发布《关于加强职业培训促进就业的意见》，提出“大规模开展就业技能培训、岗位技能提升培训和创业培训，切实提高职业培训的针对性和有效性”的要求。“要求研发针对性和应用性更强的培训内容和方法，开发一批以职业能力为本位，以院校学生为主体的职业培训教材。”这些教材既要有基础性技能内容，又要具有发展性开放性；既要让大中专院校学生增强求职就业和胜任岗位的能力，又要让他们增强职业生涯发展提升的能力。

深圳职业技术学院汽车与交通学院

院长 教授 賀萍

2011.9.19.

前 言

目前，相对于整车销售的利润缩水，中国的汽车售后服务市场利润率高达40%。于是，一个广阔的市场开始形成，一个崭新的行业开始出现，这就是汽车售后服务行业。其中与汽车售后服务相关的如汽车4S店、汽车维修店、汽车美容店越来越多，其从业人员也相应增长。

据估计，目前我国汽车售后服务行业的从业人数约有300万人。据权威数据显示：按国际标准计算，中国汽车产业现有规模应该相应的有超过2000万人次的汽车服务从业人员。但是，目前市场上缺乏具有专业性、针对性、实操性相关书籍。

针对这些新生劳动力和新的岗位需要加以完善和培训，我们挑选了三个最为常见的岗位：客服人员、维修人员、美容人员，组合成“汽车服务业入职必读手册”岗位培训图书。其中资料来源于一线的培训资料、技术资料、ISO 9001内部作业指导书，图片全是实景图片，工作现场拍照。

◆《汽车客服人员入职必读》

汽车客服人员是汽车服务的门面，能否留住客户，客户的第一印象很关键，同时后续的联络也至关重要。

本书从汽车客服人员的基本要求入手，对于汽车客服人员应该了解的基本要求、服务礼仪、汽车基础知识、维修接待、客户抱怨处理用了较为详细的描述。

◆《汽车维修人员入职必读》

用户不是专家，把车交给售后服务维修人员专业素质就代表了整个汽车维修保养服务形象。

汽车维修人员在汽车维修服务中至关重要，本书主要内容有：汽车维修人员基本要求、汽车维修基本知识了解、汽车常用材料、钳工基础知识、电学基础知识、汽车零件图基础知识、技能要求、维修安全操作等。

◆**《汽车美容师入职必读》**

本书从汽车美容师基本要求入手，讲解了汽车美容师应该掌握的基本知识和汽车美容清洗保护用品、常用工具及设备、技能要求、安全操作。

“汽车服务业入职必读手册”岗位培训图书可为汽车服务连锁机构、汽车 4S 店、汽车美容装饰店、洗车场等客服人员、维修人员、美容人员作为工作参考，也可作为汽车职业培训院校等的教材。

本书由深圳市汽车维修行业协会理事、深圳市创业和就业指导专家、深圳丽车坊汽车服务有限公司总经理王靖主编，同时，在本书编辑整理过程中，获得了许多朋友的帮助和支持，其中参与编写和提供资料的有赵明、范寅兴、张建均、刘建伟、刘海江、刘军、李亮、周亮、杨冬琼、赵仁涛、杨吉华、李冰冰、赵建学、江美亮、匡仲潇、滕宝红，最后全书由王靖统稿、审核完成。在此对他们一并表示感谢！

目 录

第一章

汽车美容师基本要求

第一节　汽车美容师岗位职责

一、工作职责

汽车美容师的工作职责，主要包括以下几点：

（1）坚决服从公司安排，认真、严格执行店长工作指令。

（2）按公司要求标准对客户车辆执行各项汽车清洗美容服务。

（3）配合组长做好客户车辆美容服务。

（4）与客户建立良好的服务关系，热情真诚地沟通并获取客户的汽车服务需求信息。

（5）执行公司统一的规范标准执行形象，做好公司对外的整体宣传。

二、职业前景

随着汽车美容店的日益增多，专业汽车美容师奇缺成了目前汽车美容业经营者面临的头等难题。如今汽车美容行业专业人才十分紧缺，不是哪个店的问题，而是整个行业面临的问题。

随着“有车族”队伍的不断壮大，人们对心爱“坐骑”的呵护也越来越全面、要求越来越高，从日常的清洁维护、车窗贴膜，到防盗系统的安装、更新及个性化的音响配备等，都需要汽车美容师的帮忙。

目前，有一定从业经验，能单独完成镀釉、贴膜等高难度工作的汽车美容师，收入一般都在3000～5000元之间，这类人也是各汽车美容装饰店争抢的人才。

三、等级划分

汽车美容师共分三个等级，即助理汽车美容师、中级汽车美容师和高级汽车美容师。各级别证书申请条件，具体如下页图所示。

助理汽车美容师	凡中等学历以上应、往届毕业生，以及大学低年级在校生经考试合格后可申请助理级专业人才证书
中级汽车美容师	具有中等学历并具有2年以上工作经验或大学高年级在校生经考试合格后可申请中级专业人才证书
高级汽车美容师	具有大学学历，5年以上工作经验或具有研究生以上学历者经考试合格后可申请高级专业人才证书

各级别证书申请条件

世界名车车标 01：奥迪 AUDI

国家：德国

车标解析：奥迪轿车的标志为四个圆环，代表着合并前的四家公司——旺达勒尔、豪西、迪开达伯留、奥迪，每一个环都是其中一家公司的象征。半径相等的四个紧扣着的圆环，象征公司成员平等、互利、协作的亲密关系。

第二节　汽车美容师素质要求

一、专业素质

汽车美容师的专业素质要求，具体包括以下几点：

（1）熟练操作车表美容、车饰美容、漆面美容、汽车防护等。

（2）具有汽车日常使用设备设施维护保养的基本知识，有一定的发动机、底盘、电气设备等检修技术。

（3）掌握汽车的漆面研磨与抛光、车身封釉技术。

（4）对汽车贴膜、隔热防爆材料、音响改装、汽车电子有深入的了解。

（5）能正确使用清洗设备等。

二、基本素质

（1）对汽车美容行业有一定的认识，了解汽车美容的常用术语。

相关链接：汽车美容常用术语

1. 汽车清洁

及时清除车身外表上的尘土、酸雨、沥青、树叶、鸟粪等污染物，保持车表清洁，防止漆层受到腐蚀和损坏。专业美容护理还能去除车表上的静电膜、交通膜、旧蜡等，使车漆露出本来面目。

2. 车身表面的研磨

使用专门的研磨剂，对车身漆面上存在的缺陷，如氧化层、划痕、褪色、酸点、碱点等进行研磨处理，消除缺陷。

3. 抛光及上光

抛光是消除研磨留下的缺陷，也为打蜡提供一个光滑、平整的漆面。上光就是打蜡，为汽车面漆提供一个保护层，并给车身以光彩亮丽的视觉效果。选择不同类型的车蜡，可以起到防酸雨、防静电、防紫外线、抗高温等功能。

4. 车室美容

在除尘、清洗的同时，采用特殊的工艺及用品，进行杀菌、除异味、除异物、上光保护、翻新修补及空气净化，让您的生活空间充满清馨、恬静。

5. 发动机美容

灰尘、油污等各种酸碱物质若长时间附着在机体上，会对金属零件产生腐蚀，橡胶、塑料会产生老化而失去弹性、产生龟裂等。所以用专业的美容护理用品，清除发动机外表的一切异物，且不伤害机件及橡胶、塑料件，并能恢复其原有的光泽度。

6. 汽车防护

汽车防护是汽车美容的边缘项目，能给车带来更大的方便，增加配置。如防爆太阳膜、车门报警系统、语言报警系统、静电放电器，挡风玻璃防雾剂、防盗器等。

7. 脱蜡洗车

使用能洗掉汽车表面原有蜡层的洗车液洗车。主要用于漆面修补、漆面缺陷处理、漆面重新打蜡之前。如新车开蜡就必须使用脱蜡洗车。

8. 不脱蜡洗车

只是用专用的洗车液洗掉车身面上的尘土、污垢，但漆面原有蜡层仍存在。这是最常用的日常洗车。

9. 洗车蜡

洗车蜡是含有水蜡的一种洗车液，能在洗车的同时给漆表面上光，一举两得，但光泽保持时间不长。

10. 研磨剂

含有各种摩擦材料的乳剂，用于处理车漆表面的缺陷。摩擦能力强的研磨剂称为深切研磨剂；摩擦能力适中、较柔和的研磨剂为中研切研磨剂；摩擦力极柔和的，对漆面损伤极轻的研磨剂称微切研磨剂。

11. 抛光剂

抛光剂主要用于消除研磨工序留下的磨痕，同时也是打蜡前车漆表面的强力去污剂。

12. 镜面釉

内含高分子释剂的抛光剂，主要用于车漆的二次抛光（去除抛光时形成的光环、划痕）并在车漆面形成釉质镜面保持膜。

13. 增光剂

增光剂是集抛光和上光（蜡）的二合一的产品。

14. 抛光蜡

含有极柔和摩擦材料的车蜡。

15. 上光蜡

不含任何摩擦材料的车蜡。

16. 镀膜

镀膜是含有高分子聚合物的车蜡。

17. 保护剂

保护剂是含高分子聚合物的清洗剂或上光剂，在清洗或上光的同时起到了防老化、防腐蚀等保护的作用。

18. 透明漆

透明漆是在色彩上覆盖一层透明的清漆。

19. 普通漆

普通漆是没有覆盖任何透明漆的漆。

20. 太阳纹

太阳纹是汽车在高速行驶中，车漆与风沙摩擦，长期积累而形成的微痕。

21. 交通膜

车漆在使用的过程中与空气摩擦所产生的静电，并吸附灰尘和有害气体等，使车漆氧化而形成的一层膜。其产生的原因是由于静电吸附作用。

22. 防爆膜

汽车防爆太阳膜（防爆隔热纸）贴在汽车侧窗玻璃上。其隔光率高，可有效防止紫外线，同时增强玻璃的抗破碎能力，提高空调效益并能创造最佳的美感。

三、职业道德

职业道德是所有从业人员在职业活动中应该遵循的行为准则，是对从业人员在职业活动中的行为要求，同时也是本行业对社会所承担的道德责任和义务。

（一）职业道德规范基本要求

职业道德基本规范是在核心和原则的基础上形成的从业者所遵循的行为准则，也是评价职业活动和职业行为善恶的准则。

职业道德规范基本要求，主要包括六个方面，具体如下表所示。

职业道德规范基本要求

序号	类别	具体内容	备注
1	爱岗敬业	从业者要热爱自己的工作岗位和职业，乐业、勤业、精业，以恭敬、负责的态度对待工作，兢兢业业、专心致志	
2	诚实守信	从业者要真心诚意、实事求是、不虚假、不欺诈，在经营上则要讲究信守合同、诚信无欺、质量为重	
3	办事公道	汽车美容师要公平、正义，“给人以应得”或恰如其分地对待人和事。尽可能做到不偏不倚，不循私情，对所有工作对象一视同仁、不偏袒、不歧视	
4	服务客户	汽车美容师全心全意为客户服务。对被服务对象热情服务，主动、耐心、热心、细致、周到，努力提高服务质量、提高业务技术水平	
5	奉献社会	汽车美容师把自己的知识、才能、智慧，毫无保留地、不计报酬地贡献给社会。培养社会责任感和无私精神，将公众利益、社会效益摆在第一位，处理好“义”和“利”的关系，处理好社会效益和经济效益的关系，处理好个人利益与社会效益的关系，把奉献社会的职业道德落到实处，充分实现自我价值	
6	保守秘密	每一家企业或组织从业人员都必须遵守的道德规范。对公司认定为“绝密”、“机密”、“秘密”的文件或事项要严格按公司要求给予保密	

（二）职业道德意志修养

汽车美容师的职业道德意志修养主要包括四个方面，具体如下图所示。

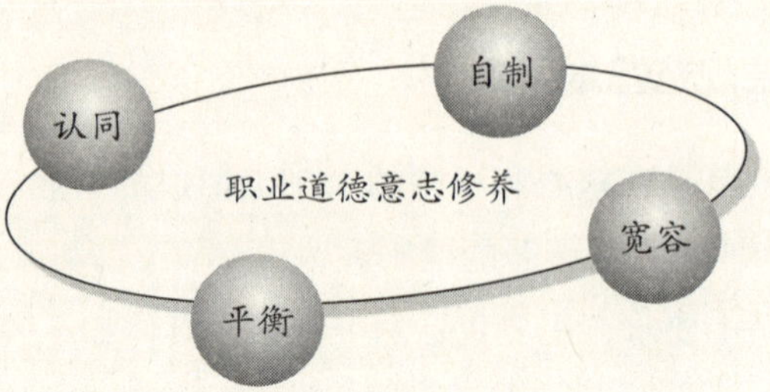

职业道德意志修养

1. 认同

认同即要求有清晰的角色意识。汽车美容师一定要认清：应该做什么，不该做什么；应该说什么，不该说什么。角色认同可以用“假如我是……”的思路将心比心，推己及人，设身处地，进行角色互换，站在对方的角度来思考和处理问题。

2. 自制

冷静、沉着，不受对方的情绪所影响。做到您发火，我耐心，您粗暴，我礼貌；您埋怨，我周到；您有气，我热情。

3. 宽容

宽以待人，得饶人处且饶人，把一切“面子”都留给别人。有宽容心才能有效地自制。

4. 平衡

理智、观念与情感、情绪保持平衡。例如，理智上强调“客户第一”，但由于很多汽车美容师的良好服务并未得到应有的回应和支持，造成观念上和情感上的冲突；做得不好时会得到来自各方面的责骂，但做得好时，却没得到认可，由此产生委屈心态。

（三）职业道德品质修养

1. 见物不贪

客户汽车中可能会有一些物品，在美容时没有清理完或者没有清理。此时，如果看到有值钱的物品，要帮客户收好后交还给客户。千万不能存有侥幸心理，收为己用。这样不但会给自身造成麻烦，同时还会影响公司的信誉。

2. 与人为善

人人都需要他人的友情、关爱、帮助、支持、鼓励、赞扬、指教、尊重和信赖，人人与人为善，就能达到上述这些美好的期望。汽车美容师在与客户或同事、上司相处时，持有与人为善的心态，可以更加体会到工作中的快乐。

3. 做事求上

“做一天和尚撞一天钟”的工作态度和工作作风已不适合现代社会。科技进步、时代发展，需要人们比以往付出更多的辛劳去掌握日新月异的知识和技术。作为汽车美容师，对工作与学习、知识与道德、今日与明日等关系应当有一个比较明确的认识。

世界名车车标 02：梅塞德斯·奔驰 BENZ

国家：德国

车标解析：奔驰汽车的标志是简化了的形似汽车方向盘的一个环形圈围着一颗三叉星。三叉星表示在陆海空领域全方位的机动性，环形圈象征奔驰轿车营销全球的发展势头。

<<<本章小结

请根据本章内容，自己做一个小结：

1.重点：

（1）

（2）

2.难点：

（1）

（2）

3.个人感想：

（1）

（2）

第二章

汽车美容基本知识

第一节 汽车美容概述

一、汽车美容，黄金产业

目前，汽车美容在我国已被越来越多的人所接受，并成为一种时尚。人们对自己的爱车也更加的呵护，“七分修三分养”的维修理念已经被人们逐渐抛弃，“七分养三分修”的养护理念落实到一种实实在在的消费行为上。

因此，汽车美容业作为一种新兴产业正在崛起，而且必将成为本世纪的黄金产业和朝阳产业。

二、汽车美容概念

早期的汽车清洁大都由驾驶员自己动手进行，工具也极为简单，仅用一条水管、一把刷子、一个水桶、一包洗衣粉和一块抹布。不但不能做好清洁护理工作，反而会造成面漆的损伤和新的锈蚀，进而缩短使用寿命。

汽车美容，是指针对汽车各部位不同材质所需的保养条件，利用专业美容系列高科技技术设备，采用不同性质的汽车美容护理产品及施工工艺，对汽车进行全新保养护理。它不仅使汽车焕然一新，保持艳丽的光彩，更能达到旧车变新，新车保值，延寿增益的功效。

三、汽车车身常见侵害

汽车的保养正如人们护理皮肤一样，皮肤如果得不到爱护就会变得粗糙，失去弹性和光泽，就会未老先衰。

通常情况下，车身表面主要受到来自四个方面的侵害，如下页表所示。

车身表面主要侵害

序号	类别	具体内容	备注
1	紫外线	汽车油漆经过长期的阳光照射，漆层内部的油分会大量损失，漆面日益变得干燥，于是出现失光、异色斑点，甚至龟裂	
2	有害气体	静电吸附灰尘、有害气体分子附着物逐渐加厚，时间久了就会形成一层顽固的交通膜持续损伤漆面，原来很光亮的车身变得暗淡、颜色也不鲜艳，严重影响以后上蜡的质量	
3	雨水	由于工业污染，使雨水中二氧化硫、二氧化碳、盐分及其他有害物质的含量越来越多而形成酸雨，造成对漆面的持续侵害	
4	其他因素	汽车在运行过程中也会受到外界的伤害，如车漆被硬物等划伤和擦伤、鸟粪和树胶等粘附于漆面而形成的侵害	

漆面由以上种种原因造成的伤害，不是简单的洗车和普通的汽车美容能够轻易消除的，只有通过专业汽车美容才能得到真正的清洁护理。

四、汽车美容依据

汽车美容应根据车型、车况、使用环境及使用条件等因素，有针对性地、合理地安排美容作业的时机及项目。

（一）汽车档次

高档轿车可考虑使用高档美容用品机械美容作业，重点放在美容效果上，一般汽车只要进行常规的美容作业就可以了。

（二）行驶状况

依据汽车漆膜及其他物面状况有针对性地进行。如车漆表面出现划痕，尤其是较深的划痕，若不及时处理会导致金属锈蚀，增大处理的难度。

（三）行驶环境

汽车行驶的地域和道路不同，对汽车机械美容作业的时机和项目也不同。如汽车经常在污染严重的工业区行驶，应缩短清洗周期，经常检查漆面有无污染色素沉着，并采取积极预防措施。如汽车经常在沿海地区行驶，由于当地空气潮湿，且大气中含盐分较多，一旦漆面出现划痕应立即采取措施治理，否则会很快造成内部金属锈蚀。如汽车经常在西北地区行驶，由于当地风沙较大，漆面易失去光泽，应缩短打腊抛光的周期。

（四）季节变化

不同季节气温气候的变化，对汽车表面及室内部件有不同程度的影响。如夏季气温高，漆面易高温老化，冬季寒冷干燥，漆膜易冻裂，应进行必要的预防护理，且冬夏两季经常使用空调，车内易出现异味，应定期进行杀菌和除臭。

五、汽车美容三结合

汽车美容时，需要做到三个结合，具体如下表所示。

汽车美容三结合

序号	类别	具体内容	备注
1	预防与处理	尽管轻微的漆面划痕可以通过研磨抛光等手段进行处理，但这样会使漆面变薄，减少了有效处理的次数。因此应采用预防与处理相结合的原则，以预防为主，积极预防损伤的发生	
2	单项作业与全套作业	汽车美容护理作业的项目和内容很多，在作业中应根据汽车自身的状况有针对性地选择项目和内容	
3	局部护理与全车护理	如果汽车漆膜的局部出现损伤，只要对局部进行处理即可，只有在全车漆膜绝大部分出现损伤时，才对全车漆膜进行处理	

世界名车车标 03：大众　VOLKSWAGEN

国家：德国

车标解析：大众汽车公司的德文 VOLKSWAGEN，意为大众使用的汽车，标志中的 VW 为全称中头一个字母，并镶嵌在一个大圆圈内，形似三个“V”字，像是由三个用中指和食指作出的 V 形，表示大众公司及其产品必胜——必胜——必胜。

第二节　汽车美容种类

一、一般汽车美容

一般汽车美容，就是简单的洗车、打蜡，经常见到的路边的一桶水、一条毛巾、几个人进行的“汽车美容”。

一般汽车美容只能去除汽车表面的污物、尘土，打蜡也仅仅是增加车身表面的光亮度，是一种粗浅的美容方法。

一般汽车美容是一种对汽车有破坏性的“美容”，建议尽量避免采用。对汽车产生的破坏主要体现在以下三个方面：

（1）清洗不彻底，容易导致漆膜划伤，产生细微划痕。

（2）擦拭不彻底，某些部位留有水渍，形成水痕，影响表面光泽。

（3）在无法擦干的车身凹槽处，容易产生水汽，加重漆膜即凹槽等处的腐蚀。

二、汽车修复美容

汽车修复美容是对车身漆膜有损伤的部位进行漆膜修复，接着再进行美容。修复美容工序为：砂平划痕——涂快干原子灰——研磨——涂快干底灰——涂底色漆——涂罩光漆——清除接口。

汽车修复美容是在设备、工具比较齐全，有一定修复美容的较正规的汽车美容店进行的，能满足汽车美容的基本要求，达到一个较理想的美容护理效果。

特别提示：

汽车修复美容仅仅针对车身的漆膜部分，而未考虑其他部位，因此美容护理不够全面和彻底。

三、专业汽车美容

专业汽车美容包括汽车清洗、打蜡、汽车护理用品的选择与使用、汽车油漆护理（包括各类漆面缺陷的美容、汽车划痕修复等）、汽车整容及装饰等。

专业汽车美容的主要项目包括以下几种：

（1）整车外部彻底清洁，包括大块泥沙冲洗，油污、静电去除及新车开蜡，深度清洗和漆面胶油、沥青、鸟粪等杂物处理。

（2）整车的除锈、防锈、防腐蚀处理。

（3）玻璃彻底保养护理，包括抛光增亮翻新及清洁、防雾处理、加装防冻清洁剂。

（4）发动机系统的美容护理。

（5）漆面美容护理，包括橘皮等特殊现象的处理，漆面一度抛光翻新、去除深度氧化层、轻划痕，漆面二度抛光翻新、去除太阳纹、斑点，漆面增艳养护处理，漆面超级上釉、镀膜护理及漆面深度划痕、局部创伤快速修复。

（6）保险杠、车裙、挡泥板、车灯、后视镜、轮胎、轮毂、底盘等保养护理。

（7）车内各部件及主要配置的保养护理。

（8）全车电光、镀铬表面去除氧化层抛光翻新。

（9）整车美容护理后的全面检查。

世界名车车标 04：宝马 BMW

国家：德国

车标解析：宝马标志中间的蓝白相间图案，代表蓝天、白云和旋转不停的螺旋桨，喻示宝马公司源远流长的历史，象征该公司过去在航空发动机技术方面的领先地位，又象征公司一贯的宗旨和目标：在广阔的时空中，以先进的精湛技术、最新的观念，满足客户的最大愿望，反映了公司蓬勃向上的气势和日新月异的新面貌。

第三节 汽车基础知识

一、发动机

（一）认识汽车发动机

发动机是汽车的动力装置，被称为汽车的“心脏”。它是将燃料燃烧的热能转换成机械能的机器，发动机总成。

（1）发动机后置。即发动机安装于车辆的尾部，主要应用于大型客车，一些乘用车也有应用。

（2）发动机前置。即发动机安装于车辆的前部，应用比较广泛。

（3）发动机中置。即发动机安装于车辆的中部，主要应用于高级跑车和赛车，发动机在驾驶员座椅后面。

（二）基本结构及工作原理

1．发动机分类

汽车发动机种类繁多，根据不同的特点有不同的分类，具体如下表所示。

发动机种类

序号	分类方法	类别	说明
1	行程数	二冲程内燃机	活塞经过两个行程完成一个工作循环的内燃机
		四冲程内燃机	活塞经过四个行程完成一个工作循环的内燃机
2	着火方式	液体燃料内燃机	燃烧液体燃料（汽油、柴油、醇类等）的内燃机
		气体燃料内燃机	燃烧气体燃料（液化石油气、天然气等）的内燃机
		多种燃料内燃机	能够使用着火性能差异较大的两种或两种以上燃料的内燃机

（续表）

序号	分类方法	类别	说明
3	进气状态	非增压内燃机	进入气缸前的空气或可燃混合气未经压缩的内燃机，对于四冲程内燃机亦称自吸式内燃机
		增压内燃机	进入气缸前的空气或可燃混合气先经过压缩机压缩来增大冲量密度的内燃机
4	冷却方式	水冷式	用水冷却汽缸和汽缸盖等零件的内燃机
		风冷式	用空气冷却汽缸和汽缸盖等零件的内燃机
5	汽缸数及布置	单缸内燃机	只有一个汽缸的内燃机
		多缸内燃机	具有两个或两个以上汽缸的内燃机
		立式内燃机	汽缸布置于曲轴上方且汽缸中心线垂直于水平面的内燃机
		卧式内燃机	汽缸中心线平行于水平面的内燃机
		直列式内燃机	具有两个或两个以上直立汽缸，并呈一列排列的内燃机
		V形内燃机	具有两个或两列汽缸，其中心线夹角呈V形，并共用一根曲轴输出功率的内燃机
		斜置式内燃机	汽缸中心线与水平面呈一定角度的内燃机

2. 发动机总体组成

在一个机体上安装一个机构（曲柄连杆机构）和六大系统（换气系统、燃料供给系统、润滑系统、冷却系统、点火系统和启动系统）。柴油机则为五大系统，没有点火系统。

机体组件主要由气缸体、汽缸、汽缸盖、汽缸垫、曲轴箱和油底壳等组成，是发动机的“骨架”，支撑着发动机的所有零部件。

（1）曲柄连杆机构。

曲柄连杆机构主要由活塞、活塞环、活塞销、连杆、连杆瓦、曲轴以及飞轮等组成，作用是将活塞顶的燃气压力转变为曲轴的转矩，输出机械能。

（2）换气系统。

换气系统主要由空气滤清器、进排气管系、配气机构（气门组件、凸轮轴、驱动机构)、排气消声器等组成。按照发动机要求，定时开闭进、排气门，吸入干净空气，排除废气。

(3) 燃料供给系统。

燃料供给系统分为汽油机和柴油机两种，具体如下表所示。

燃料供给系统

序号	类别	作用	说明
1	汽油机燃料供给系统	根据汽油机的不同工况要求，供给不同浓度的油气混合气	(1) 工况：工作状况的简称，通常用发动机的转速和负荷来表示。发动机的负荷是指发动机的外部载荷，发动机输出的动力随外部载荷而变化 (2) 混合气的浓度：通常用空燃比来表示，空燃比是每工作循环充入汽缸的空气与燃油的质量比（a = A/F）
2	柴油机燃料供给系统	根据柴油机的不同工况要求，定时、定量产生高压油，并向汽缸喷射	输油泵将柴油从油箱吸出，经柴油滤清器过滤，干净的柴油进入喷油泵提高压力到 60 ~ 80MPa，再经喷油器喷入燃烧室。多余的柴油从回油管流回柴油滤清器或油箱

(4) 点火系统。

现代汽车多用微机控制点火系统，主要由电源、点火开关、点火线圈组件、传感器、电控单元（ECU）以及火花塞等组成。

按汽油机要求，在压缩上止点前的某一时刻，在火花塞电极间产生 20000V 以上高压，准时、可靠点燃汽缸内可燃混合气。

(5) 润滑系统。

润滑系统一般由油底壳、机油集滤器、机油泵、机油滤清器、机油冷却器、机油压力表以及机油道等组成。

润滑系统具有减轻机件磨损、减小摩擦损失、降低功率消耗，兼有冷却和清洁功能、增加活塞环的密封和防机件氧化锈蚀的作用。

(6) 冷却系统。

冷却系统主要由冷却水泵、风扇、节温器、散热器和冷却水道等组成。保证发动机在适宜的温度范围内工作。汽车发动机一般为 80 ~ 90℃，有的可以达

105℃。冷却方式有水冷和风冷两种。

(7) 启动系统。

启动系统主要由蓄电池、启动开关、启动电动机等组成。按发动机要求，提供一定的转矩，使发动机达到规定的转速，顺利完成启动过程。低温启动时，还应进行预热启动。

二、底盘

(一) 传动系

传动系主要包括汽车离合器、汽车变速器、汽车万向传动装置和驱动桥。其具体内容如下表所示。

传动系

序号	类别	基本结构	作用
1	汽车离合器	主动部分、从动部分、压紧机构和分离机构四部分组成	分离和结合发动机的动力，保证汽车平稳起步，使换挡时工作平顺和防止传动系统过载
2	汽车变速器		改变传动比，以适应汽车在各种行驶条件下所需的牵引力和合适的行驶速度，实现倒车和利用空挡切断离合器与传动轴之间的动力传递，以便汽车换挡和发动机启动及怠速运转
3	汽车万向传动装置		在轴线相交且相对位置经常发生变化的两轴间传递动力
4	驱动桥	主减速器、差速器、半轴和驱动桥壳等组成	将万向传动装置传来的转矩增大，并降低转速

(二) 行驶系

行驶系主要包括车架、车桥、悬架、车轮和轮胎等组成。

1. 车架

车架的作用是支撑连接汽车的各零部件，并承受来自车内外的各种载荷。车架是整个汽车的基体，绝大多数部件和总成都是通过车架来固定其位置的。

2. 车桥

车桥是左右车轮之间的连接横梁。根据作用不同分为驱动桥、转向桥、转向驱动桥和支撑桥。它们的共同作用是连接左右车轮使其保持一定位置和承受部分重量和作用力。

3. 悬架

悬架将车桥与车架弹性地连接起来。其主要任务是传递作用在车轮和车架之间的力和力矩，缓和由不平路面传给车架的冲击载荷，衰减由冲击载荷引起的承载系统的振动。

4. 车轮和轮胎

车轮和轮胎是. 、车行驶系中的重要部件，其作用是支撑汽车的重量、传递汽车与路面间的各种力和力矩、吸收不平路面引起的振动、确定汽车的行驶方向。

车轮是介于轮胎和车轴之间承受负荷的旋转组件，它是由轮毂、轮辋和轮辐组成的。汽车上使用的轮胎是充气轮胎。充气轮胎分有内胎的充气轮胎和无内胎的充气轮胎。

（三）转向系

汽车转向系的作用是遵从驾驶员的操纵改变汽车的行驶方向。

机械式转向系包括由转向盘、转向轴、转向万向节组成的转向操纵机构及由转向器和由转向摇臂、转向直拉杆、转向节臂、左转向节，左右转向梯形臂和、转向横拉杆、右转向节组成的转向传动机构。

（四）制动系

1. 工作原理

制动系不工作时，制动鼓的内圆面与制动蹄摩擦片的外圆面之间保留有一定的间隙，使制动鼓可以随车轮自由旋转。

2. 汽车制动防抱死系统（ABS）

（1）ABS 作用。

制动防抱死系统（Anti-lock Braking System，ABS）是防止汽车制动时车轮抱死的装置，并把车轮的滑移率保持在最佳范围内。

(2) ABS基本组成与工作原理。

ABS由普通制动系统和电子控制系统两大部分组成。普通制动系统的组成和工作原理与传统制动系统相同，而电子控制系统由传感器（制动踏板、车速传感器)、ABS控制单元和制动压力装置（液压泵电机、液压单元、电磁阀等）等组成。

3. 驱动防滑系统（ASR）

(1) ASR作用。

汽车防滑转系统(Anti Slip Regulation，ASR),又称牵引力控制系统(TRC),其作用是防止汽车在起步、加速和低附着系数路面行驶时驱动轮的滑转，以提高汽车的牵引性和操纵稳定性。

(2) ASR基本工作原理。

目前，常采用发动机输出转矩调整和驱动轮制动控制两种方法防止驱动轮的滑转。

发动机输出转矩调整方式，通常通过控制节气门开度和点火提前角的方式调节发动机的输出转矩，从而使驱动车轮的转速迅速降低，或者使两侧驱动车轮的驱动力矩进行调节。

制动控制方式比发动机控制方式反应速度快，能有效地防止汽车起步时或从高附着路面突然进入低附着路面时的车轮空转。

三、常见汽车基本参数

汽车美容师要了解常见汽车基本参数，如下表所示。

常见汽车基本参数

序号	参数名称	单位	解读
1	整车装备质量	kg	汽车完全装备好的质量（包括润滑油、燃料、随车工具和备胎等所有装置的质量）
2	最大总质量	kg	汽车满载时的总质量
3	最大装载质量	kg	汽车在道路上行驶时的最大装载质量
4	最大轴载质量	kg	指汽车单轴所承载的最大总质量，与道路通过性有关
5	车长	mm	汽车长度方向两极端点间的距离

（续表）

序号	参数名称	单位	解读
6	车宽	mm	汽车宽度方向两极端点的距离
7	车高	mm	汽车最高点到地面间的距离
8	轴距	mm	汽车前轴中心至后轴中心的距离
9	轮距	mm	汽车同一车桥左右轮胎胎面中心线间的距离
10	前悬	mm	汽车最后端至前轴中心的距离
11	后悬	mm	汽车最后端至后轴中心的距离
12	最小离地间隙	mm	汽车满载时，最低点至地面的距离
13	接近角	°	汽车前端突出点向前轮引的切线与地面的夹角
14	离去角	°	汽车后端突出点向后轮引的切线与地面的夹角
15	转弯半径	mm	汽车转向时，汽车外侧向轮的中心平面在车辆支撑平面上的轨迹圆半径。转向盘转到极限位置时的转弯半径为最小转弯半径
16	最高车速	km/h	汽车在平直道路上行驶时能够达到的最大速度
17	最大爬坡度	%	汽车满载时的最大爬坡能力
18	平均燃料消耗量	L/100km	汽车在道路上行驶时每百 km 平均燃料消耗量
19	车轮数和驱动轮数	n×m	车轮数以轮毂数为计量依据，n 代表汽车的车轮总数，m 代表驱动轮数

世界名车车标 05：丰田 TOYOTA

国家：日本

车标解析：丰田公司的三个椭圆的标志是从 1990 年年初开始使用的。标志中的大椭圆代表地球，中间由两个椭圆垂直组合成一个 T 字，代表丰田公司。它象征丰田公司立足于未来，对未来的信心和雄心，还象征着丰田公司立足于客户，对客户的保证，象征着客户的心和汽车厂家的心是连在一起的，具有相互信赖感，同时喻示着丰田的高超技术和革新潜力。

< < <本章小结

请根据本章内容，自己做一个小结：

1.重点：

（1）

（2）

2.难点：

（1）

（2）

3.个人感想：

（1）

（2）

第三章

汽车美容清洗保护用品

第一节　汽车清洗系列用品

一、汽车清洗剂作用及除垢机理

（一）汽车清洗剂作用

汽车清洗剂是目前国内外大力推广的护理产品之一，汽车清洗剂的作用，具体如下表所示。

汽车清洗剂作用

序号	作用类别	说明	备注
1	提高工作效率	（1）大大提高了清洗速度，并可将清洗和护理合二为一，减少了美容工序 （2）增加了对车漆的护理，保护车漆表面	
2	节能	用清洗剂代替溶剂清除油垢，减少了汽油和柴油的消耗	
3	经济	1kg的清洗剂可代替30kg的溶剂油，大大降低了汽车清洗费用	
4	环保	如果采用环保型清洗剂清洗汽车，可减少对环境的污染	

因此，在清洗汽车时，应尽量使用清洗剂清洗汽车，以确保汽车清洗的质量和维护汽车车漆完美。

（二）除垢机理

汽车清洗剂的除垢机理，具体如下页表所示。

汽车清洗剂的除垢机理

序号	步骤	细节说明
1	润湿	当把清洗剂洒到车身时，由于清洗剂有溶解性，使被清洗物的表面很容易被清洗剂所润湿，并促进它们之间充分地溶解。清洗剂不仅能润湿污垢的表面，而且能深入到污垢聚集体的细小空隙中，使污垢与被清洗表面的结合力减弱、松动，最后达到溶解
2	吸附	清洗剂中的电解质形成的无机离子吸附在污垢上，能改变对污垢点的静电吸引力，并可防止污垢在沉积
3	增溶	使污垢溶解在清洗剂的溶液中
4	悬浮	清洗剂中的表面活性物质能在污垢表面上形成定向排列的分子层，进一步增加了去污作用
5	去污	最后通过冲洗将污垢冲洗掉

二、水性清洗剂

水性清洗剂主要清除水性污垢，具有较强的浸润和溶解能力，且不含有碱性，不仅能有效地清除一般污垢，且对汽车车漆面有光泽保护作用。

水性清洗剂要按一定的比例和水混合使用，在冷车的情况下洒在车身表面泡 3 ~ 4min，能有效地溶解水性污垢，再冲洗车身，即能轻松地去除污垢又能不伤车漆，即省时又省力。

三、有机清洗剂

对于一些不溶于水性清洁剂的污垢应采用有机清洗剂进行清洗。这种清洗剂主要用于去除车身表面的油脂或沥青污垢。

特别提示：

在使用过程中，避免有机清洗剂喷溅到塑料、橡胶等部件，因为有机清洗剂含有汽油或煤油等易燃成分，会腐蚀塑料和橡胶。注意避免在明火附近使用，应在通风良好的地方使用。

四、油脂清洗剂

油脂清洗剂又称去油剂，具有极强的去油功能，主要用于清洗发动机、制动系统、轮毂等油污较重的部位。常用的油脂清洗剂有三类，具体如下图所示。

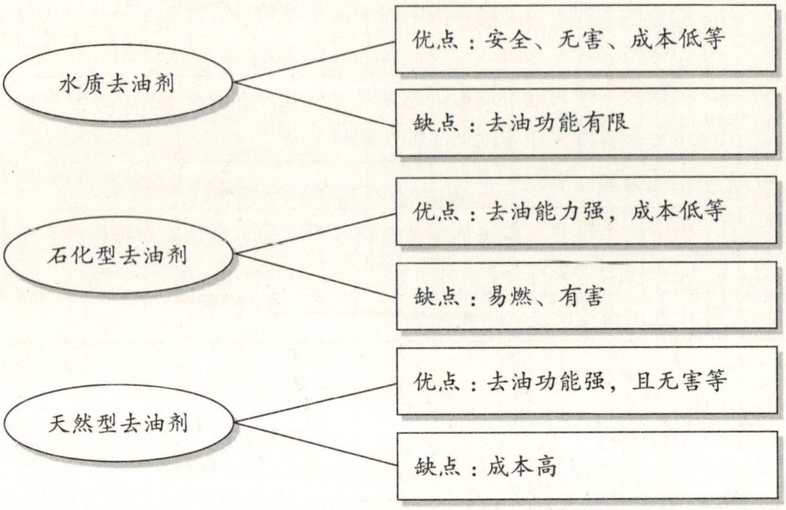

常用油脂清洗剂

常用油脂清洗剂产品的使用方法，具体如下页表所示。

五、溶解清洗剂

溶解清洗剂简称“溶剂”，是一类溶解功能很强的清洗剂，不仅能清除车身上的焦油、沥青、鸟粪、树胶、漆点等水不溶性污垢，而且可用于“开蜡”，因此有些品种直接取名为开蜡水。

六、多功能清洗剂

（一）车外多功能清洗剂

车外多功能清洗剂主要用于清洗汽车表面灰尘、油污等，且在清洗的同时进行漆面护理。

常用油脂清洗剂产品

序号	品种	特性	使用方法	适用范围	注意事项
1	制动清洁剂	（1）迅速清除污垢，避免产生辗轧的噪声 （2）不含有毒物质，不会造成环境污染	喷涂在不洁的零件表面，让污垢滴尽，然后用干布擦拭	鼓式及盘式制动器、制动蹄片、制动组件、离合器压反、风扇带、受压力组件及其他离合器零件	为易燃物，不要放于易燃处
2	发动机外表清洁剂	（1）能除去较重油污 （2）呈碱性，含有能缓蚀剂成分 （3）能快速乳化去除油污，且不腐蚀机体及其上部件 （4）水溶性好，可完全生物溶解，易用水冲洗，不留残物	用水稀释后喷洒在部件外表及油污处，然后用适量水冲洗，用软布擦净即可	发动机外表及底盘等部件	清洁剂呈碱性，必须用水稀释后使用
3	玻璃清洗剂	柔和型水质去油去垢剂，主要用于清除玻璃上积淀的白色雾状膜，可以有效地去除油污、尘土等	直接喷到玻璃上，用干布擦拭	前挡风玻璃和后视镜	
4	车内仪表清洁剂	能保持车内人造革及皮革的光泽，使灰尘无法沾污，有柠檬香味，不会破坏漆膜	喷涂在被清洗物的表面，然后用布擦拭干净即可	车门、仪表板、合成橡胶、塑料制品、人造革及真皮制品的表面清洗	为易燃品，不可置于热源、火源处，不可用于喷涂方向盘，坐椅的支撑等部位
5	气门及化油器清洁剂	（1）除去积存在化油器、气门、气门座的积炭及污垢；增进发动机进气的畅顺，避免无谓功率消耗 （2）恢复汽缸原有的压缩比 （3）降低 CO 的产生	在加油前，加入，添加比例为 1%	所有汽车发动机及化油器式内燃机	为易燃物，但不含 CHC、铅、镉、多氧联苯、酒精及其他有害化合物；不造成环境污染

（续表）

序号	品种	特性	使用方法	适用范围	注意事项
6	轮毂清洁剂	有效去除轮毂上的油渍，氧化色斑，并清洁上光；呈弱酸性，但对轮毂及轮胎无腐蚀作用	把清洁剂喷涂在汽车轮毂上，然后用软布擦拭	适用于汽车轮毂	
7	发动机清洁剂	除去油脂污垢、废油及无用的酸性合成物	（1）喷涂在发动机及其周围部分，让它完全渗透，2min后，再用自来水注入清洗；等全部干燥后，再喷涂发动机漆面保护剂来清洗 （3）洗完后，如发动机因受潮而无法起动，则使用超级6号来处理	适用于汽车发动机外部	发动机需停止
8	重油清洗剂	（1）一种强力的，可乳化的溶剂型重油清洗剂；有效地去除汽车发动机零部件底盘和设备上的重油污 （2）所含的特别成分能使污垢蜷缩成胶束，胶束颗粒以快速分离的形式很容易用水冲洗干净，不会产生二次污染 （3）可吸收六倍其容积的油污，可重复使用，对车体各部位没有腐蚀作用	喷涂于油污处，然后将所形成的胶束用水冲掉，再用干净布擦干	适用于汽车发动机零部件底盘和设备	

1. 二合一清洗剂

所谓“二合一”即清洁、护理合二为一，既有清洗功能，又有上蜡功效，可以满足快速清洗兼打蜡的要求。其产品适用于车身比较干净的汽车，洗车后直接用毛巾擦干，再用无纺棉轻轻抛光。

2. 汽车清洗香波

此类清洗剂主要有汽车香波、洗车香波及清洁香波等品种，具有性质温和、不破坏蜡膜、不腐蚀漆面、液体浓缩、泡沫丰富、使用成本低等特点。常见的汽车香波类型如下表所示。

汽车香波类型

序号	类型	特性	使用方法	适用范围
1	汽车清洗香波	（1）pH 值为 7.0，呈中性 （2）不腐蚀漆面，不脱蜡，伴有柠檬芳香味道 （3）能清洗车身漆面，除油污，去静电	用适量清水稀释后涂抹于车身漆面进行清洗	各种类型的车身漆面
2	电脑洗车机用上蜡香波	作为电脑洗车的最后工序，通过将汽车表面除水提高干燥过程，并且清洗后无任何斑点，在汽车漆面留下一层光亮蜡膜，起到防护作用		所有车型的车身
3	汽车清洗上蜡香波	（1）又称为清洁上蜡二合一，同时具备除油污去静电及给车身涂一层蜡膜护理上光的功用 （2）性质温和，呈中性，不上漆面，不脱蜡，伴有香味	用适量清水稀释，涂洒与车身漆面进行清洗，然后用干布擦净	各种车型的车身漆面
4	电脑洗车机用高泡香波	（1）pH 值为 7.0，呈中性，超浓缩高泡沫清洗剂 （2）具备强有力的清洗功能 （3）丰富的泡沫起到较好的润滑作用，可有效延长设备		所有车型车身

（二）车内室清洗剂

根据汽车内室各部件材料的不同，汽车内室清洗剂具体如下页表所示。

汽车内室清洗剂

序号	类别	特性	使用方法	适用范围
1	丝绒清洁保护剂	泡沫丰富，去污力强，洗后留有硅酮保护膜，恢复绒织物原状，防止脏物浸入等特点	将产品在瓶内轻轻摇晃均匀，然后盆栽需要清洁的表面，再用清洁干布将泡沫擦净，污渍明显处应反复喷涂擦拭	主要用于对毛绒、丝绒、棉绒等织物进行清洁和保护
2	化纤清洗剂	在多功能清洗剂的基础上特别增加了清洗内室化纤制品的功能，且不会伤害化纤制品	先将液体倒入桶中，用高压喷枪按需要比例注水，然后用毛巾蘸水中的泡沫去清洗脏处，再用干净布擦净即可	车用地毯、沙发套等化纤制品上的油泥和时间不太长的果汁、血迹等
3	塑胶清洁上光剂	清除污垢的同时能在塑胶制品表面形成一层保护膜，具有翻新效果		主要用于塑料及橡胶制品的清洁与护理
4	真皮清洁增光剂	清除污垢的同时能在皮革制品表面形成一层保护膜，起到抗老化、防水、防静电作用，延长皮革制品的使用寿命		主要用于皮革制品的清洁护理
5	多功能内室光亮剂	不仅可以进行清洗，还可以起到上光、保护、杀菌等作用，使用方便，可以防止内室部件老化、龟裂及褪色		可用于化纤、皮革、塑料等不同材料的内室物品

世界名车车标 6：阿斯顿·马丁 ASTONMARTIN

国家：英国

车标解析：阿斯顿·马丁汽车标志为一只展翅飞翔的大鹏，注有阿斯顿·马丁英文字样。喻示该公司像大鹏一样，具有从天而降的冲刺速度和远大的志向。

第二节　汽车护理系列用品

一、研磨剂

研磨是通过表面预处理清除漆面上的污物，消除严重氧化及浅微划痕或减轻表面缺陷。研磨所使用的材料是研磨剂。研磨剂按照不同划分标准，分为不同种类。

（一）使用范围

研磨剂按使用范围不同分为普通型研磨剂和通用型研磨剂。

1. 普通型研磨剂

普通型研磨剂指透明漆出现前所生产的研磨剂。一般研磨剂中都含有坚固的浮岩颗粒，根据颗粒的大小分为深切、中切和微切三种，主要用于治理普通漆不同程度的氧化、划痕、褪色等漆膜缺陷。

浮岩颗粒坚硬，研磨速度快，但是一般不会在研磨中产生质的变化。

特别提示：

普通型研磨剂用在透明漆时很容易把透明漆层打掉，因此不适用于透明漆的研磨。

2. 通用型研磨剂

通用型研磨剂可以使用于普通漆和透明漆。切割功能依旧存在，但不像浮岩那样坚硬。在一定的热能下，新型的磨擦材料可与漆膜发生化学反应，从而达到护理漆面的作用。

（二）切割方式

研磨剂根据切割方式可以分为物理切割方式、化学切割方式和多种切割方式三种。物理切割方式的研磨剂有浮土型和陶土型两种；化学切割方式的研磨剂有微晶体型；多种切割方式的研磨剂主要是中性研磨剂，具体如下表所示。

研磨剂种类（切割方式）

序号	切割方式	具体类型	特点	备注
1	物理	浮土型和陶土型	材料坚硬、切割速度快，但操作过程中颗粒体积不会因切割的速度或力度的变化而发生变化	如果对漆膜、厚度不了解或手法不熟练，容易磨穿漆层，只适合于操作十分熟练专业人员使用
2	化学	微晶体型	可以通过摩擦产生的热量逐步化解微晶体颗粒，使其体积在操作过程中逐渐变小，产生极热高温而去除氧化层，同时溶解表面漆层凸出部分，填平凹处的针眼	
3	多种	中性	（1）内含陶土及微晶体两种切割材料，适合于各类汽车漆面，而且便于操作，速度快，研磨力度小 （2）迅速溶解漆层凸点、填补凹处从而起到双重功效，以达到复合要求的表面基材	目前市场上最佳的漆面护理研磨材料

特别提示：

不管研磨材料如何分类，要明确研磨剂都是按其摩擦材料颗粒的大小来决定其研磨功能的。在治理大划痕的同时，研磨剂又在造成小划痕，医治小划痕则需要更细的摩擦材料。

二、抛光剂

抛光剂其实也是一种研磨剂，是一种含颗粒更细小的摩擦材料的研磨剂。

（一）抛光作用

抛光作用主要包括以下几点：

（1）消除研磨造成的细微划痕（旋纹或发丝划痕）。

（2）治理（如未经研磨）车漆表面的轻微氧化物和杂质，包括酸碱性水点、水泥点、航空油、柴油、昆虫点、鸟粪、落叶、金属斑、工业污垢、落灰、漆点等。

（3）以化学切割方式填平漆膜表面上如针尖般细的缺陷，其中包括脱脂、消除漆面瑕疵及化学转变等功能，为还原、打蜡（镀膜）作准备、以达到“镜面”效果。

（二）适用范围

抛光剂适用于所有种类的车漆，符合所有汽车生产厂商的漆面处理标准。主要适用于以下方面：

（1）汽车生产线及专业护理中心，可以配合各种类型的研磨材料去除漆面瑕疵及漆面研磨所产生的划痕。

（2）一般打蜡前期处理，能使漆面产生镜面般效果，是配合抛光机使用的最佳护理用品。

（三）抛光剂种类

抛光剂主要包括五类，具体如下表所示。

抛光剂种类

序号	类别	说明	备注
1	强力抛光剂	比研磨剂颗粒更细的一种新型研磨材料，能去除漆面较厚氧化层、划痕及喷漆时出现的“麻点”“垂流”等。不含硅和蜡，比较安全	注意要在用前先小试为好，配合抛光机使用
2	漆面还原抛光剂	漆面还原抛光剂比强力抛光剂的研磨颗粒更细一些，能去除漆面中度氧化层和轻度划痕不含硅和蜡，安全用于喷漆车间，是美容店作汽车漆面翻新的主要用品	使用时配合抛光机涂抹于汽车漆面，适用于汽车漆面

（续表）

序号	类别	说明	备注
3	快速抛光剂	快速抛光剂比中度抛光剂的研磨颗粒更细一些，具有去除轻微氧化层和上蜡、护理双重功效	手工均匀涂抹于汽车漆面
4	玻璃抛光剂	去除玻璃表面上沾染的柏油、油脂、昆虫尸体、污渍和发乌的氧化层等难以清洗掉的污垢	常用于挡风玻璃、后视镜等部位
5	多功能抛光剂	去除金属电镀表面、玻璃等硬质表面的污渍，使其恢复原有的光泽，并形成一层极光亮的保护膜	可用在汽车漆面，特别适合新车售前准备，各类金属电镀表面，玻璃等硬质表面及汽车漆面

三、还原剂

还原是介于抛光和打蜡之间的一道工序，也是打蜡前最后一道完善工序，可以使研磨、抛光的工作成果更上一个台阶。

还原剂与抛光剂的本质区别在于：还原剂含上光材料（上光剂或蜡），而抛光剂不含蜡或上光剂。还原剂与抛光剂使用区别，主要有以下几项：

（1）抛光剂不含蜡，使用抛光剂可切实地检验抛光质量。

（2）还原剂含有蜡或上光剂，在抛光功能上比纯抛光剂要差些。

（3）还原剂实际上是一种集抛光和打蜡于一体的二合一产品，可以缩短工作时间。

（4）虽然有蜡的效果，但还原剂保持时间一般不长，接触几次水后就会流失。要取得长久保留的效果，还应再加一层高质量的蜡。

四、汽车蜡

汽车打蜡是汽车表面护理中的一项重要作业。汽车蜡在保护车身漆面的同时，还可以使车漆表面保持亮丽的光泽。

（一）汽车蜡作用

汽车蜡主要作用，具体如下表所示。

汽车蜡作用

序号	作用	说明	备注
1	上光	打蜡能够不同程度地改善漆面的光洁程度，使车身恢复亮丽本色	
2	研磨抛光	当漆面出现浅划痕时，可使用研磨抛光车蜡。如划痕不很严重。抛光和打蜡作业可一次完成	
3	防水	车蜡能在大气与车身漆面之间形成一层保护膜，将车漆与有害气体、有害灰尘有效地隔离，起到一种“屏蔽”作用	
4	抗高温	车蜡能够对来自不同方向的入射光产生有效反射，防止入射光线穿透漆膜，从而延长漆面的使用寿命	
5	防静电	可以隔断空气、尘埃与车身漆面的摩擦，不但可有效防止车表静电的产生，还可大大降低带电尘埃对车表的附着	
6	防紫外线	由于紫外光特性决定了紫外线较易折射进入漆面，防紫外线车蜡充分地考虑了紫外线的特性，使其对车表的侵害最大限度地降低	

（二）汽车蜡种类

汽车蜡根据不同标准，可以划分为不同种类。

1. 成分

车蜡按其成分划分可分为石蜡、树脂蜡、合成蜡三种。

（1）石蜡。由石油提取，对车漆有损伤，属低档蜡。

（2）树脂蜡。由植物成分提取，不损伤车漆，属中档蜡。

（3）合成蜡。由人工合成，性能好，不损伤车漆，属高档蜡，俗称“釉”。

2. 物理状态

车蜡按其物理状态的不同可分为液体蜡、膏状蜡、固体蜡、原车保护蜡四种。

（1）液体蜡。使用方便，多用于机械操作。

（2）膏状蜡。适用于手工操作。

（3）固体蜡。只能用于手工操作，属于非专业用品。

（4）原车保护蜡。主要用于新车在运输过程中防止车漆氧化褪色或被划伤，现在很少采用。

（三）膏状蜡

在日常作业中，膏状蜡应用相对较广。按膏状蜡的功能不同可分为上光保护蜡、抛光蜡、研磨蜡三种。

1. 上光保护蜡

上光保护蜡有无色上光蜡和有色上光蜡，无色上光蜡用于漆面状况极好的车，主要起增光作用，有色上光蜡主要以增色为主。

2. 抛光蜡

抛光蜡又称细蜡，成分中含有超微细的磨料，用于研磨后的抛光工序，能迅速去除面漆表层的中度或低度的划伤、氧化、腐蚀、异物，并形成一层更细密的保护膜，使面漆更光滑和亮丽。

3. 研磨蜡

研磨蜡又称粗蜡，呈颗粒状，成分中含有极微细的磨料，伤害车漆。用于漆面表层深度的伤、氧化、腐蚀、异物的研磨，使用后会形成一层细密的保护膜。

相关链接：如何正确地选择蜡品

由于各种车蜡的性能不同，其产生的作用和效果也不一样。所以在选择时必须慎重，选择不当不仅不能保护车体，反而会对车身表面产生不良影响，严重的还会令车漆褪色或变色。所以要求根据汽车漆面的实际情况加以正确选择。

（1）区分漆面。风干漆与烤漆，即 1K 漆与 2K 漆都可作抛光处理，但各用的抛光蜡不一样，用错会造成漆膜变软、裂口及变色。

（2）浅色漆与深色漆的抛光蜡不能混用。浅颜色漆用了深颜色漆的抛光蜡会使漆膜颜色变深，出现“花脸”；反之，漆膜颜色会变淡，严重影响外观。

（3）分清机蜡和手蜡。机蜡配合专用抛光机使用，手蜡直接用手涂擦抛光。机蜡用手抛费工费时且效果不佳，机抛手蜡则浪费严重。

（4）素色漆与金属漆的抛光蜡应区别使用，且金属漆所专用的抛光蜡不但可增加漆面光泽，而且能使金属的闪光效果更清澈，更富立体感。

（5）漆膜保护增光蜡与镜面处理蜡要分清楚。镜面处理蜡是对漆面进行增光处理的专用蜡，其保护作用不如增光蜡。保护增光蜡含有许多成分，可在漆面上形成一层保护膜，抵御外界紫外线、酸雨、静电粉尘、水渍等的侵害。

（6）含硅产品与不含硅产品在使用范围上应分清。含硅产品在保养上尽量避免使用，因为漆膜一旦沾有硅质，漆面修补就很难处理。

（7）尽量不用砂蜡。一般的砂蜡对漆面有很强的研磨作用，处理不好极易将漆膜磨穿而造成不必要的损失。因此在一般性美容中，尽量不采用砂蜡。

（8）用成套的系统产品。汽车漆面美容应尽量采用成套的系统产品，不配套的美容蜡美容的效果往往不会令人满意。没有中文标志说明、生产日期、注意事项、抛光液成分及抛光方法的抛光液最好不用，以免出现不必要的麻烦。

除了以上注意事项外，在选择车蜡时，还应根据各种车蜡的使用特点、车辆的新旧程度、车漆的不同颜色和车辆的行驶环境等因素进行综合考虑。

世界名车车标 7：兰博基尼　LAMBORGHINI

国家：意大利

车标解析：公司的标志是一头浑身充满了力气，正准备向对手发动猛烈攻击的牛。兰博基尼一开始是做农用机械的，所以采用的是牛的商标，因为牛代表力大。兰博基尼的创始人非常喜欢跑车，于是和法拉利这些汽车厂商表达了自己的看法，但却被人嘲笑，他们认为一个做农机的厂子生产跑车是天方夜谭。后来兰博基尼硬是把跑车生产了出来而且博得了大家的认可。因为公司生产的汽车都是大功率、高速的运动型轿车。所以一直没有改变商标，用的还是以前牛的商标。

第三节　汽车专业保护系列用品

一、汽车专业保护剂特点

目前市场上出售的新一代保护剂是含有多种成分的聚合物，其特点如下表所示。

汽车专业保护蜡

序号	特点	说明	备注
1	使用方便	使用时只需将保护剂喷涂在护理物体表面，然后再擦干即可完成护理作业	
2	保护时间长	一次护理可以保持 1 ~ 2 个月	
3	耐磨性好	可以在物体表面形成一层保护膜，增加物体的耐磨能力	
4	光泽好	含增光剂，可以提高物体表面的光泽	
5	防老化	可以阻挡阳光中紫外线的照射，防止橡胶、塑料、皮革等表面的老化、龟裂、褪色	

二、汽车专业保护剂种类

保护剂的品牌很多，按适用于不同材质区分，一般可以分为以下六类。

（一）皮革保护剂

1. 适用范围

皮革保护剂一般也适用于塑料制品，用于皮革坐椅、仪表台、方向盘、车门内侧以及塑料保险杠等。

2. 使用方法

将保护剂均匀喷在待处理件表面，用纯棉软布蘸少许保护剂轻轻擦拭。如果所处理的表面太脏，应先用皮革清洁剂清洁后再使用。

（二）化纤、丝绒类专业保护剂

1. 适用范围

一般汽车内饰的化纤制品较多，如顶棚、车门内饰板、坐椅外套等。

> **特别提示：**
> 选用化纤、丝绒类专业保护剂时，选用有较强保护作用的产品使用。

2. 使用方法

将化纤、丝绒类专业保护剂喷在化纤制品表面，用刷子刷洗或用毛巾擦拭，晾干即可。

（三）塑胶专业保护剂

1. 适用范围

适用于汽车轮胎、橡胶密封件、保险杠等橡胶和塑料制品。

2. 使用方法

先用洁净的软布蘸少量的塑料清洁上光剂，再用此软布擦拭塑料部件的表面，边打圈边擦拭，顽固污渍或凸凹表面可能要重复几个来回，直至物质表面出现光泽即可。

（四）轮胎上光保护剂

1. 适用范围

轮胎上光保护剂适用于轮胎表面，对轮胎起清洁、上光、抗老化的作用。

2. 使用方法

（1）一种是以清洗为主，清洗同时还具有增黑上光的作用。

（2）另一种是以上光为主，无清洗功能，但上光功能很强，使用时只需喷在轮胎表面，无需擦拭，让其自然干燥。

特别提示：

两种产品可以同时使用，前者清洗，后者上光，专业保护作用更好。单独使用上光功能轮胎保护剂时，应将轮胎表面清洗干净，待其干燥后再使用，或喷或刷后，擦掉多余的部分，等到晾干后即可。

（五）轮辋清洗剂

用于任何类型的轮辋，泡沫丰富，可以去除马路粉尘、制动产生的粉尘和油脂，用后可以使轮辋明亮清晰。

（六）多功能防锈剂

多功能防锈剂主要用于金属表面，油漆、橡胶及塑料表面、发动机表面及底盘等的防锈处理。

三、其他汽车专业保护剂

（一）汽车美容黏土

汽车美容黏土属于一种非常细腻的特种聚合物，去污力极强，韧性好，可反复使用。

(1) 使用时先在车身漆面上洒上水，然后用汽车美容黏土清洁护理。

(2) 清洁护理时，在需要清洁表面反复擦拭，使金属氧化物、锈迹颗粒等卷入黏土中。

(3) 可用于污垢严重的车窗玻璃和金属镀层、铝合金等制品等的除污及车身漆面氧化物或车身附着物（柏油、沥青、树胶等）的去除。

（二）底盘防锈降噪剂

底盘防锈降噪剂用于汽车“底盘装甲”，是一种含有特殊矿物质精华原料的高质量环化橡胶醇酸树脂，不含沥青成分。具有防锈蚀、降音、降噪、抗盐碱、防沙石撞击的特点，柔韧有弹性、黏附力强。

(1) 用水将汽车底盘上的泥土、油污等杂质冲洗掉。

（2）将汽车用举升机举起，用风枪将底盘吹干。

（3）将发动机底部，传动轴、尾气管等散热、传动部件和电线接头遮蔽住。

（4）将喷枪安装到罐体上，并接上气管（气压要求 5 ~ 6kg）。

（5）将喷枪距底盘 30cm 左右喷涂汽车底盘，喷涂时应该以缓慢而均匀的速度移动。重复喷涂至厚度大于 3mm（建议喷两遍），轮弧处可适当增加厚度。

世界名车车标 8：凯迪拉克　CADILLAC

国家：法国

车标解析：商标图形主要由冠和盾组成。冠象征着凯迪拉克家族的纹章，冠上 7 颗珍珠喻示皇家的贵族血统。盾象征着凯迪拉克军队的英勇善战。盾分为 4 个等分。第一和第四等分是门斯家族的全底纹章，中间横穿过的深褐色棒把三只相同的黑鸟分开，两只在上，一只在下。这三只鸟意味着三位一体的神圣，还意味着大胆和热情的基督教武士智慧、富有、聪敏的头脑和完美的品德。第二和第三等分是由于内部通婚，当另一块领土加到门斯家族的财产上时，这些 4 等分才能在门斯盾形纹章里被采用。4 等分内采用的色彩表明了广阔的土地，增加了门斯家族的名望，红色标志着行动的勇敢和大胆，银色表示团结、博爱、美德和富有。横穿的棒表示在十字军战争中的骑士们的勇敢。

< < <本章小结

请根据本章内容，自己做一个小结：

1.重点：

(1)

____

____

____

(2)

____

____

____

2.难点：

(1)

____

____

____

(2)

____

____

____

3.个人感想：

(1)

____

____

____

(2)

____

____

____

第四章

汽车美容常用工具设备

第一节　常用汽车美容工具

一、清洁工具

（一）海绵

海绵具有柔软、弹性好、吸水性强和较好的藏土藏尘能力等特点，不但可以有效保护漆面，还可以提高作业效率。

清洗汽车沙粒或尘土很容易深藏于海绵气孔内，避免因擦洗工具过硬或不能包容泥沙而给车身表面造成划痕。

海绵

特别提示：

在使用时，要让海绵吸入适量已经配好的洗车液，可以清除车身漆面上附着力较强的污垢。

（二）毛巾

毛巾是汽车美容中最常用的工具之一。专业汽车美容场所需要准备不同类型的毛巾，具体如下页表所示。

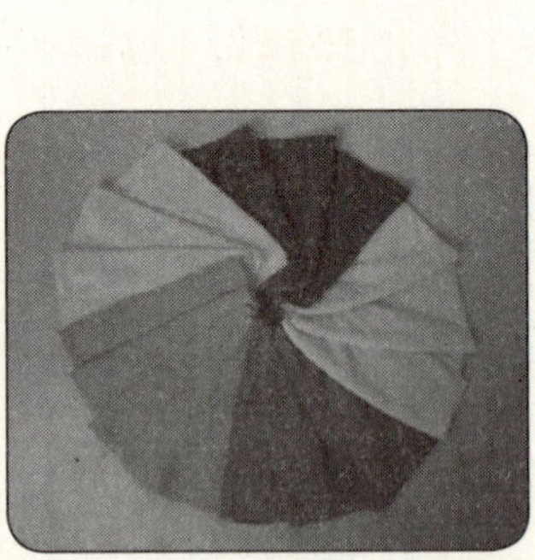

毛巾

毛巾

序号	类别	作用	备注
1	大毛巾	车身表面手工清洗和擦拭	
2	小毛巾	擦洗车身凹槽、门边及内饰部件等处污垢	
3	湿毛巾	清洗、擦拭车窗玻璃时结合使用	
4	半湿毛巾		
5	干毛巾		

（三）洗车手套

洗车手套主要用于擦洗车身，洗车手套上的绒毛可以容纳灰尘，使汽车漆面在擦拭时避免被灰尘划伤。

洗车手套

（四）空气清洁枪

空气清洁枪主要用于汽车内饰件，可以在清洗车身后将后视镜、车窗等处残余水珠吹出清除。

（五）鹿皮

鹿皮具有质地柔软、韧性及耐磨性好和防静电等特点，用鹿皮擦拭的车身、车窗玻璃干燥迅速，不会留有水痕，也不会像毛巾那样划伤车身并且留有绒毛。因此鹿皮在洗车中使用比较广泛，主要用于擦干车表。

在洗车时，最好先用毛巾和浴巾将车表擦干，以便延长鹿皮使用寿命。

特别提示：

选用鹿皮时，尽可能选择较厚的，因为厚的皮质韧性好，耐磨性好。

（六）板刷

板刷主要用于轮胎、挡泥板等处附着泥土污垢的清除，由于这些部位泥土附着较厚，不易洗干净，所以要在洗车时有针对性地进行刷洗。

板刷选用鬃毛板刷，鬃毛板刷不但具有较好的韧性和耐磨性，还可以减轻刷洗作业对橡胶、塑料产生的磨损。一般不提倡使用塑料纤维板刷。

（七）车巾

车巾是最新研制的汽车专用清洁产品，车巾是用蜡、树脂和去离子水乳化混合而成的液料浸润于无纺布制成的。它的“高吸水、强去污、不脱毛、长寿命、易洗涤”等优点，适用于汽车的清洗、上蜡、收蜡、汽车内饰的清洁等。

车巾与一般的清洁剂不一样，具体如下表所示。

乳化液与清洁剂区别

序号	类别	去污原理	特点
1	清洁剂	与污垢进行中和化学反应后达到清洁效果	（1）不能把同种特性的污垢去掉，若清洁剂呈碱性，则不能去除碱性污垢 （2）强酸或强碱对所擦表面会有所损伤，并会刺激人的皮肤
2	车巾	特有乳化液与被擦表面的污垢相结合，使之软化，松脱后除去	（1）由于乳化液显示中性（pH=7.0），无论是酸性或碱性的污垢均能去除，且不损伤被擦表面和刺激人的皮肤 （2）对擦拭过的部位起到抗静电、除锈防锈、防雾防水等作用

二、除锈工具

在汽车修补喷漆之前，要将作业面的锈蚀清除干净，然后才能进行底漆、腻子等的涂装。常用的除锈工具有手工和机械两种，具体如下页表所示。

常用除锈工具

序号	类别	工具	适用范围	优点	缺点
1	手工除锈工具	刮刀、扁铲、钢丝刷、锉刀、废砂轮片、纱布等	局部及部件等小工作量清除锈蚀主要工具	简便易行，不受任何限制	操作费力，功效低，除锈效果差
2	机械除锈	（1）电动除锈，电动刷、电动砂轮、电动锤、电动针束除锈机等 （2）气动除锈，气动枪、气动砂轮、气动圆盘钢丝刷、离心除锈器、气动防锈锤等	大面积汽车除锈清除	除锈速度快，质最好，工作效率高	
3	喷射除锈	喷丸、干喷砂、湿喷砂等	汽车车架等处	除锈效果好、效率高	

三、刮涂工具

常用的刮涂工具主要包括刮灰刀、牛角板、钢片刮板与橡胶刮板四种。

（一）刮灰刀

刮灰刀又称为油灰刀、批灰刀等，由木柄和刀板构成，其中木柄一般由松木、桦木等制作，刀板由弹簧较好的钢板制作，规格有宽窄等多种。

成品灰刀规格多，弹性好，可以适合不同场合，使用方便。

（二）牛角板

牛角板由优质的水牛角制成，使用方便，可来回刮涂（左右刮涂）。主要用于修饰腻子的补刮等。牛角板使用后应清理干净置于木夹上存放，以防变形而影响使用。

牛角板

（三）钢片刮板

钢片刮板由弹性极好的薄钢片制成，弹性好、刮涂轻便、效率高，刮后的腻子层平整，局部刮涂和全面刮涂都适用。钢片刮板较适于小轿车、大型客车等表面的腻子刮平。

（四）橡胶刮板

橡胶刮板采用耐油、耐溶剂和膨胀系数小的橡胶板制成，外形尺寸和形状根据需要确定。弹性极好，刮涂方便，可随物面形状的不同进行刮涂，以获得平整的腻子层。由其对凸形、圆形、椭圆形等物面，使用橡胶刮板刷涂效果更好。主要适用于刮涂弧形车门、叶子板等。

四、打磨工具

（一）手工打磨工具

手工打磨主要是用砂布包垫板进行打磨，垫板有木质的，也有硬橡胶制的。木板可以选用长 180 ~ 200mm，宽 50 ~ 60mm，厚度为 20 ~ 30mm 的平直木板；橡胶块可以使用 18 ~ 20mm，长宽相应的厚橡胶板剪制而成。

砂纸

砂纸、砂布是打磨工具的辅助材料，砂纸分水砂纸和木砂纸两种，是将磨料粘贴在纸上制成的。木砂纸主要用于磨光木制品表面，水砂纸由于涂有耐水涂料，可以水磨。

（二）机械打磨工具

机械打磨工具主要用于清除钢铁表面上的铁锈、旧涂层及打磨腻子等。常用的机械打磨工具种类很多，按动力装置不同可分为电动打磨工具和气动打磨工具两大类，具体如下页表所示。

机械打磨工具

序号	类别	工具	特点
1	电动打磨工具	电动软轴磨盘式打磨机、电动软轴带洗尘袋磨盘式打磨机、AON3 型电动磨灰机等	（1）噪声小、振动轻、粉尘飞扬少等优点 （2）质量通常比气动打磨工具大些 （3）不适于水磨
2	气动打磨工具	风磨机、风动砂轮、钢丝轮等	体积小、质量轻、速度快、磨平质量好、使用安全、可平磨也可水磨等优点

五、涂刷工具

刷涂工具主要有漆刷、画笔、毛笔、盛漆容器等。

（一）漆刷

漆刷按形状可分为圆型、扁型和歪脖型三种；按制作材料可分为硬毛刷和软毛刷两类。硬毛刷主要用猪鬃毛、马鬃毛制作，软毛刷用狼毫、猫毛、绵羊毛和山羊毛等制作。按制作尺寸可分为 12mm、19mm、25mm、38mm、50mm、65mm、75mm 等。

圆形毛刷可分为大圆毛刷和椭圆毛刷两种。刷毛一般用猪鬃毛或马鬃毛制成，直径也分大小不同的尺寸，圆形毛刷适用于刷涂粗糙的部件。

扁型刷也分为硬毛、软毛两种。硬毛刷多用猪鬃毛制成，软毛刷多用羊毛制成。以毛直、毛清为质量好。软毛刷多用于刷涂稀涂料，由于含漆量大、刷痕轻、漆流展性好，适用于刷品质要求较高的物件。

（二）毛笔和画笔

毛笔和画笔在涂装中用来描字、画线，涂刷不易涂到的部位和局部补漆用。常用画笔主要为长杆画笔，毛笔以狼毫为好。

六、喷涂工具

喷涂工具主要指喷枪，利用压缩空气的压力，将油漆变成雾状而喷涂在车身表面上。

（一）虹吸式喷枪

虹吸式喷枪

虹吸式喷枪是应用最广泛的一种喷枪。涂料杯位于喷枪喷的后下方，喷涂时利用气流作用，将涂料吸引上，并在喷嘴处由压力差而引起的漆雾。

虹吸式喷枪喷涂时稳定性好，操作方便，便于调换涂料，适合各种方位的喷涂。但随着喷涂时间的延长，油漆的黏度会发生变化，喷涂流量会稍有改变。

（二）重力式喷枪

重力式喷枪的涂料杯在喷枪嘴上面，利用涂料的重量及枪嘴尖端部由气流产生的压力差，把涂料喷涂于物体表面。

重力式喷枪涂料黏度变化对喷出量影响不大，杯的位置可自由操作，作业容易，漆料杯体积小，油漆自上往下流，很适合用漆量少的小修小补。但喷涂的稳定性差，不适用于俯、仰方向的喷涂。

（三）压差式喷枪

压差式喷枪的喷嘴与气帽正面对齐，不形成真空。涂料被压向空气帽，压力由一个独立的压力罐提供，系统的连接方法是输气软管从压力罐上的气压调节装置出口接到喷枪进气口上，主输气软管从调压阀连至胀力罐的调压阀入口，输漆管从压力罐的出漆口连至喷枪进气口。压送式喷枪使用涂料容量大，可适用于连续涂装，涂料喷出量的范围可进行调节，操作简易，但不适于喷涂小表面，且更换涂料和清洗喷枪需要消费一定的时间。

七、防涂遮蔽工具

（一）门缝密封胶条

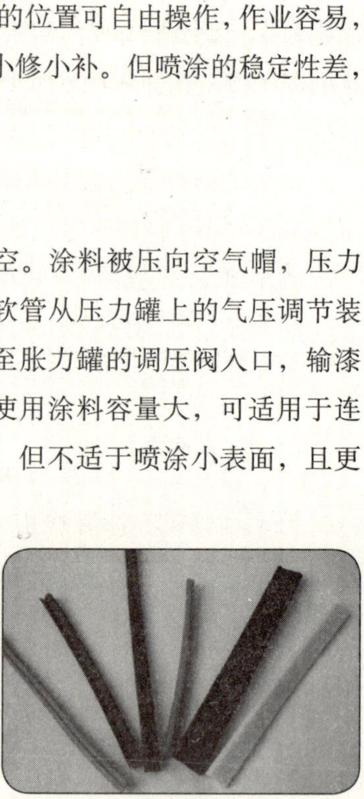
密封胶条

门缝密封胶条用于遮蔽车门、发动机盖内两侧、后行李箱、邮箱等处。门缝密封胶条可防止喷漆时喷入车内，可将粉屑与污染物阻隔，使喷漆操作时产生的瑕疵降低，常见尺寸有 12mm × 50mm 和 19mm × 25mm 两种。

（二）窗缝遮蔽胶带

窗缝遮蔽胶带安置于挡风玻璃的上面及两侧橡皮条内侧，作为窗缘遮蔽胶带使用。它黏着度良好、无残胶、耐烘烤，其尺寸为 50mm × 10mm。

（三）感压式喷漆遮蔽胶带

感压式喷漆遮蔽胶带用于汽车扳金喷漆时固定遮蔽物用，此胶带特别适用于烤房烘烤或在自然干燥中使用。其特点是烘烤温度达 90℃时，可干净迅速地撕下；高科技涂布技术，不留残胶；伏贴性特佳，不会翘起；黏性佳，不受寒冷天气影响；特殊感应性佳，轻轻一压黏度超强，使用方便。

（四）遮蔽胶带

遮蔽胶带主要用于车身漆面地线条喷涂，其 PP 材质具有高度粘贴性，且边角粘贴性佳，撕起后线条平直，边缘细致，用于漆面线条构成喷修、涂修遮蔽用，能耐溶剂，可自由发挥。漂亮线条，容易撕掉，不留残胶，不需作任何后续处理。

（五）外装贴着双面胶带

该胶带专用于车体两旁的各式浪板、护体饰条、铭牌的固定，具有超黏着力、耐冷热、耐溶剂、抗可塑剂、抗拉应力等优越特性。

（六）车身护条铭牌固定胶带

该胶带用来黏合铭牌标志及装饰物。具有耐冷热性、耐溶剂、耐可塑性等优越性，黏合后不会有剥落问题。

世界名车车标 10：劳斯莱斯 ROLLS-ROYCE

国家：英国

车标解析：劳尔斯·罗劳易斯汽车的标志图案采用两个“R”重叠在一起，象征着你中有我，我中有你，体现了两人融洽及和谐的关系。劳尔斯·罗劳易斯的标志除了双 R 之外，还有著名的飞人标志。这个标志的创意取自巴黎卢浮宫艺术品走廊的一尊有两千年历史的胜利女神雕像，她庄重高贵的身姿是艺术家们产生激情的源泉。当汽车艺术品大师查尔斯·塞克斯应邀为罗尔斯·罗劳易斯汽车公司设计标志时，深深印在他脑海中的女神像立刻使他产生创作灵感。于是一个两臂后伸，身带披纱的女神像飘然而至。

第二节　汽车美容常用设备

一、空气压缩机

空气压缩机

空气压缩机应用范围很广，在汽车美容护理方面主要用于提供充足的达到预定压力值的高压压缩空气源，以确保汽车美容护理作业车间所有的气动设备都能有效地工作。

空气压缩机分为单级式和双级式两种，主要性能指标为空气压力、每分钟的压缩空气量和消耗功率。

对于单级式来说，输出的压力一般为0.7～0.8MPa左右，双级式则可将输出压力提高到1～3MPa。汽车美容一般选用压力1.0～1.2Mpa。供气量0.11～0.22m^3／min，功率消耗1.5～2.0kW便可。如果是单独用于喷漆作业时，通常选用0.7～0.8MPa、0.11 m^3／min、0.735～1.0kW。

特别提示：

空气压缩机工作时会发出较大的噪声，一定要做好消声降噪。

二、高压清洗机

高压清洗机用于汽车外表、发动机、底盘、车轮等的清洗。使用普通的自来水为水源，可以按需要进行调节。

高压清洗机

特别提示：

压力大时，能将黏附于底盘上的泥土冲洗下来，如果要冲洗挡风玻璃和钣金部分，则要按要求将水压调小一点，以免造成损伤。

高压清洗机分为高压冷水清洗机和高压冷热两用清洗机，说明如下表所示。

高压清洗机

序号	类别	特点	适用范围
1	高压冷热两用清洗机	（1）设计先进、性能卓越，坚固耐用 （2）柱塞高压水泵、煤油泵、鼓风机与水冷主电机同轴运行，耗电低，机械效率高 （3）内立式锅炉双层炉壁，预热助燃空气，双层加热盘管，高效燃烧器系统及连续点火装置，出水温度可以自行调节，保证在最短时间内使出水达到高温高压，更可以产生高达1400℃的蒸汽 （4）一系列压力、流量保证开关和安全阀门以及缺油自动关闭装置，使用安全 （5）有防结垢水处理系统	用于气温较高的南方一带
2	高压冷水清洗机	（1）柱塞高压水泵与主电机同轴运行，耗电低，机械效率高 （2）带计压器，有无级压力和流量调节功能，喷枪上调压，高低压可在喷头上调整 （3）附带软性枪管、枪把和360°可调整的旋转喷枪，容易进入困难区域进行清洗	除了提供常温高压水外，还增加电加热装置，输出高压水温度可调节，清洁效果更好，但能耗大，一般仅适于冬季寒冷的地区使用

三、泡沫清洗机

泡沫清洗机能加入专用清洗剂，再通过压缩空气（由空气压缩机提供），使清洗剂泡沫化，然后从泡沫喷枪喷出，能将泡沫状的清洗液均匀地涂敷于车身外表，通过化学反应，从而除尘和去油污。

泡沫清洗机种类较多，有气动和电动两类。泡沫清洗机使用方法：

（1）打开加水阀和排气阀，加入清水，依水柱标高为准、然后按比例加入清洗剂。

（2）把加水阀和排气阀关好，然后用快速接头接上空气压缩机，再将工作气压调至 245kPa（压力开关顺时针为增加压力，逆时针为减小压力）。

（3）以上工作准备好后，开动空气压缩机，当压力表压力升至 245kPa 时，打开喷枪阀开关，即可喷射出泡沫，喷射距离为 5 ~ 7m，喷射距离可用压力来调节。

四、水枪和气枪

水枪和气枪分别是与高压清洗机和空气压缩机配套使用的，是重要的清洗设备，种类较多，有的带快速接头，可作快速切换；有的带长短接杆，使用更加方便。

气枪通常为外购件，不随空气压缩机附送，水枪则常常作为高压清洗机的附件配套使用。高级的水枪带水压和水形调节，高压水枪不仅提高清洗质量，极大地保护漆面，同时也提高了清洗效率，使用方便。

五、抛光机

抛光机也称为研磨机，常常用作机械式研磨、抛光及打蜡之用。抛光盘的转速一般在 1500 ~ 5000r/min，多为无级变速，施工时可根据需要随时调整。

（一）抛光机

抛光机根据不同的分类标准，可以分为不同类别，具体如下表所示。

抛光机种类

序号	分类标准	类别	说明
1	动力来源	气动	气动式比较安全，但需要气源
		电动	电动式容易解决电源问题，要注意用电安全

（续表）

序号	分类标准	类别	说明
2	功能	双功能工业用磨砂／抛光机	能安上砂轮打磨金属材料，又能换上抛光盘做车漆护理，转速可以调节，适合专业美容护理师使用
		简易型抛光机	实际上是钻机，体积小，转速不可调，使用时难掌握平衡，专业美容护理师一般不使用此类机型
3	转速分类	高速抛光机	1750 ~ 3000r/min，转速可调
		中速抛光机	1200 ~ 1600r/min，转速可调
		低速抛光机	1200r/min，转速不可调

（二）主要附件

抛光机的主要附件是抛光盘，抛光盘安装在抛光机上与研磨剂或抛光剂共同作用完成研磨／抛光作业。

1. 按抛光盘与抛光机连接方式分类

按抛光盘与抛光机的连接方式可分为以下 3 种：

（1）螺母盘。适用于带有螺栓接头的抛光机。

（2）螺栓盘。适用于带有螺母接头的抛光机。

（3）吸盘。适用于带有吸盘的抛光机，即抛光机的机头用螺钉固定有一个硬质塑料聚酯底盘（也叫托盘），底盘的工作面可粘住带有尼龙易黏平面的物体，可以根据需要选择各种吸盘式的抛光盘，只需将抛光吸盘贴在托盘即可，使用起来极为方便。

2. 按抛光盘材料分类

按抛光盘材料进行划分，可以分为两种，具体如下表所示。

按抛光盘材料分类

序号	类别	说明	特点	适用范围
1	羊毛抛光盘	（1）羊毛抛光盘一般分白色和黄色两种，抛光盘底部有自动粘贴实现抛光盘的快速转换		

（续表）

序号	类别	说明	特点	适用范围
1	羊毛抛光盘	（2）一般白色羊毛抛光盘切削力强，能去除漆面严重瑕疵，配合较粗的蜡打磨以达到快速去除或修饰研磨痕 （3）黄色羊毛抛光盘切削力较白色羊毛抛光盘弱，一般配合细蜡做抛光漆面、去除漆面粗蜡抛光痕及轻微擦伤痕	传统式切割材料，研磨能力强、功效大，研磨后会留下旋纹	一般用于普通漆的研磨和抛光，用于透明漆时要谨慎
2	海绵抛光盘	（1）按颜色一般可分为黄色盘、白色盘、黑色盘 （2）海绵盘按形状可分为直切型、平切型、波纹型	切削力较羊毛抛光盘弱，不会像羊毛盘留下旋纹，能有效去除中度漆面的瑕疵，底背有自动粘贴，可快速转换抛光轮	车身普通漆和透明漆的研磨和抛光，一般用于羊毛抛光盘之后的抛光、打蜡之用

3. 维护事项

（1）羊毛抛光盘如果羊毛轮被堵塞，应拆下，装上一个干净的羊毛轮，继续进行打磨，同时对使用过的羊毛轮进行干燥，干燥后，用梳毛刷冲洗干净。冲洗时必须使用温水，千万不要用烫水、强烈碱性去垢剂或溶剂冲洗。使用洗衣机清洗只可使用轻柔挡。空气干燥，最好不要进行机器干燥。

（2）海绵抛光盘在温水中冲洗后，挤去水分，面朝上放在干净的地方进行干燥。不要使用肥皂或清洁剂清洗，不要机洗或干洗，不要用梳毛刷或螺丝刀清洁海绵轮。

六、打蜡机

（一）打蜡机

打蜡机也称轨道抛光机，打蜡机工作时是以椭圆形的轨迹旋转，其托盘直径比抛光盘的大，机体比抛光机轻很多，而且它的双手扶把紧贴机体的中心立轴。

打蜡机重量轻，做工细且光盘面积大，比人工打蜡省时省力，而且打蜡时不易产生漆面划痕。

抛光机

（二）主要附件

打蜡机相应的配套件是指和打蜡托盘配套的各种盘套。打蜡盘套是一种衬有皮革底（防渗）的毛巾套，其作用是把蜡均匀地涂覆到车身上。打蜡盘套的材料有三种：全棉（毛巾）的盘套、全毛（或混纺）的盘套和海绵的盘套。

全棉盘套应选择针织密集的、线绒较多的、具有柔软感的盘套。因越柔软就越能减少发丝划痕，也能把蜡的光泽和深度抛出来。

特别提示：

全棉盘套使用时应注意不能反复使用，最好一辆车更换一个新的。即使不更换新的，旧的也一定要洗干净。清洗时要使用柔顺剂，以免晒干后盘套发硬。

七、封釉振抛机

封釉振抛机是封釉的专用电动工具，可以通过振抛机的高频振动与快速转动，与漆面摩擦产生热量，使漆面局部产生一定程度的扩张，使釉剂通过振动均匀地挤压渗透到漆面中，并在漆面上形成一层极薄的保护膜，以有效地保护和美化漆面。

八、吸尘机

车身内经常积聚有大量的灰尘，特别是坐椅上的皱褶和一些角落部位的灰尘极难清除。常见的吸尘机主要有便携式、家用型和专业型三种。

（一）专业型吸尘机

一般来说，专业型的吸尘机效果最好，使用较多，它具有较好的防水性，集吸尘、吸水、风干于一体，配有适合于内饰结构的专用吸嘴，操作简单，其内置的真空泵能产生很大的真空度，再配上形状不一的各种吸头，能很方便地伸进各个角落部位，快速地吸去灰尘。

（二）专业型吸尘机特性

专业型吸尘机特性，主要包括以下几点：

(1) 吸尘吸水，干湿两用。

(2) 容积大、功率大，噪声低、吸力强。

(3) 特殊独立冷却系统可 36h 连续运转。

(4) 马达头上有多段开关，可依需求开启。

(5) 附有超大型 40cm 宽吸地刷，提高工作效率 2 倍。

（三）适用范围

(1) 汽车内顶棚、坐椅、仪表台、空气滤清器、空调等除尘、除水。

(2) 地面、地毯除尘、除水。

九、高温蒸汽清洗机

车身内饰和地毯等纤维绒布织品极易积聚污垢，使细菌极易繁殖，而除尘机只能除尘，无法清除细菌，拆装内饰和地毯也十分麻烦，因此清洁的难度很大。

利用高温蒸汽对纤维织物等进行深度清洗，去除藏匿在其中的细菌和烦人的油渍，无需任何化学清洗剂的辅助，可在短时间内产生 150℃和 3.2bar 的高温蒸汽，使蒸汽喷射于需要清洁的内饰表面上，起到快速灭菌作用，特别是对空调系统出风口的清洁效果更佳。蒸汽机还可加入各种芳香剂，使清洁后的车内空间芳香舒适。从蒸汽到热水，温度自由调节。

十、专用甩干桶

车上的坐椅套，可拆式地毯和脚垫等织物容易弄脏，每隔较长一段时间使用后应取下用水或用泡沫清洗，彻底去除灰尘、污渍和杀灭滋生细菌。由于这些织物体积大、分量重，水洗后难以用普通脱水机脱水。

汽车美容专用甩干桶，容量大、转速高、功率大，能在数分钟时间内达到很好的脱水效果，是汽车美容必备设备。

十一、高效多功能洗衣机

汽车上的坐椅套、头枕套等织物极易弄脏，每隔一段时间都要进行清洗。汽车美容店使用的洗衣机不同于家庭用的普通洗衣机，要求能清洗较大重量的织物（至少要 5kg 级）。而且必须是清洗、烘干和免烫三合一的高效多功能洗衣机，这样才能在完成了汽车美容的同时，也完成各种织物的清洗和烘干。

十二、自动洗车机

全自动洗车机可以根据不同的洗车部位选择不同的程序，清洗顺序为：车身外表清洗、车轮清洗、烘干、打蜡、外表（前后）烘干。在洗车过程中，电脑洗车机是靠压力传感器和光电控制器来进行相应洗车工作的。

十三、底盘装甲用特殊喷枪

底盘装甲时由于所使用的底盘装甲材料固体含量高，必须使用特殊喷枪。

世界名车车标 11：法拉利 FERRARI

国家：意大利

车标解析：法拉利车的标志是一匹跃起的马。在第一次世界大战中意大利有一位表现非常出色的飞行员，他的飞机上就有这样一匹会给他带来好运气的跃马。在法拉利最初的赛车比赛获胜后，该飞行员的父母亲——一对伯爵夫妇建议：法拉利也应在车上印上这匹带来好运气的跃马。后来这位飞行员战死了，马就变成了黑颜色；而标志底色为公司所在地摩德纳的金丝雀的颜色。

第三节　汽车美容常用护理设备

一、发动机燃油供给系统免拆清洗机

发动机燃油供给系统清洗机采用新流程设计，从输油管输入混有清洁剂的燃料，在发动机运转的同时，混合物经燃烧将分布在化油器、喷油器和燃烧室等处的积炭、胶质与积垢软化、剥落、溶解并随尾气排出。

二、发动机冷却系统免拆清洗机

汽车冷却系统管路长时间使用，管路内壁产生锈、污垢以至管路阻塞不通畅、发动机温度升高、冷却效果变差，严重时可使发动机发生烧瓦、抱轴，致使汽车无法行驶。

使用冷却系统循环清洗机，不仅可以清除水箱、水道内的水垢、杂质而且可以自动更换防冻液，彻底保养水箱，操作简单方便。

三、发动机润滑系统免拆清洗机

发动机润滑系统清洗机采用新流程设计，结合专用清洗液，以一定的脉冲压力打入发动机油泵入口，让清洗液在发动机内按照机油润滑油回路，冲洗循环，完成溶解发动机内的油泥、积炭，最后循环清洗至油底壳，再由清洗机的回油管路以真空从发动机内抽出，经由清洗剂内的两道极细微滤芯过滤，而将油泥、金属屑、轴承合金粉末、油漆、微粒等除去。

整个清洗过程是在发动机静止下完成的。清洗后清洗液在发动机润滑油回路内形成保护膜，不会对发动机内任何部件造成伤害。

四、汽车举升机

汽车举升机在汽车美容作业中主要用于将汽车升起进行汽车底盘“装甲”喷涂作业。举升机常见的有双柱举升机、电动液压剪式举升机和四柱举升机。

（一）双柱举升机

双柱举升机是双液压缸驱动，升降平稳，双保险自锁保护装置，链条举升系统，钢丝绳平稳系统，动力装置可装在举升机任何一边，柱间距宽阔，220V 与 380V 电源任意选择方便使用，操作方便和牢固可靠。但是不方便作业，两旁的支承架占用了一定的面积，不利于底盘的美容护理，所以只用于汽车专业维修。

（二）电动液压剪式举升机

电动液压剪式举升机是一种新型无柱式举升机。具有举升力量大，运行平稳，操作方便，外观美观大方，环境适应性强等特点。

不用的时候可以将举升机构隐藏于地下，不占用地面上的空间，举升后也不影响底盘的施工，特别适合小型汽车美容店的使用。但是选购时要注意，为了便于对“底盘装甲”的施工，其支承架最好选用尺寸较小的规格。

（三）四柱举升机

四柱举升机提升重量大、设备结构复杂、占地面积大，主要用于大型车辆的维修。

五、其他选配设备

（一）自动波箱油更换清洗机

波箱清洗换油机可以利用高压空气产生的动力，对自动波箱内的变扭器、离合器、油路板、油底壳等进行彻底清洗，让波箱内的磨屑、废渣等随出油管一起排出机箱外，并及时更换成新的波箱油，使自动波箱起步更平顺，跳挡更自然，动力更强劲。

（二）轮胎拆装机

轮胎拆装机是一种半自动设备，适用于一般小车及轻型货车的轮胎拆装。它采用带气压式自动中心正位锁定机构的正反旋转盘，用两个或三个脚踏板来分别控制夹紧和正、反旋转操作，结构简单，操作容易，占地面积小，是汽车美容的必备设备之一。其附件包括清洁毛刷、撬棍和轮胎充气压力两用表。

（三）车轮动平衡机

汽车车轮的不平衡是影响汽车运行稳定和驾驶安全的主要因素之一。因此，对车轮的平衡有较高的要求。目前汽车维护和修理作业主要对车轮动平衡进行校正。车轮动平衡机分为独立式和就车式两种类型。其附件包括轮胎量规、快速锁止螺母、安全护罩、平衡铅块、平衡块钳锤等。

世界名车车标 12：标致 PEUGEOT

国家：法国

车标解析：标致汽车公司的前身，是 19 世纪初标致家族皮埃尔兄弟开办的一家生产拉锯、弹簧等铁制工具的小作坊。这些铁制品的商标是一个威武的雄狮，它是公司所在地弗南修·昆蒂省的标志，有不可征服的喻意。体现了标致拉锯的三大优点：锯齿像雄狮的牙齿久经耐磨，锯身像狮子的脊梁骨富有弹性，拉锯的性能像狮子一样所向无阻。当 1890 年第一辆标致汽车问世时，为表明它的高品质，公司决定仍沿用“雄狮”商标。

<<<本章小结

请根据本章内容，自己做一个小结：

1.重点：

（1）

（2）

2.难点：

（1）

（2）

3.个人感想：

（1）

（2）

第五章

汽车美容师技能要求

第一节　汽车清洗操作流程

一、洗车用设备、工具

洗车常用的设备用具主要有高压洗车机、吸尘吸水机、吹气枪、空压机、泡沫枪、吸尘器、纯羊毛手套；水桶、刷子，小毛刷、大中小毛巾、洗车液或香波等，其中大毛巾为2m长。

二、接车服务

当看见有车进入汽车美容中心时，应以最快的速度，把来车带到正确的洗车区位置上，注意带车安全和手势，之后主动为车主开车门，另一只手侧扶在车门框顶，防止车主下车时头撞在车门框上，同时说道："您好，欢迎光临。"

（一）迎宾

服装整齐、身体自立、双手交叉背于身后，双脚分开姿势站立，眼睛平视前方，等待客户。

（二）引导车辆进入洗车工位

左手平直伸出与肩平齐，手心向外，右手与左手平齐，手心向内，指引客户进入洗车工位，身体随车向前，左手手掌不断向车辆行进方向挥摆，高喊"进！进！进！"做到动作清晰、声音洪亮。

（三）引导车辆停好冲洗位

站在车辆侧面，用标准手势指车辆停好，同时口喊"停——好！"动作清晰，声音洪亮。注意安全，尽量站在车辆侧面指挥。

（四）打开车门，主动向客户问好

右手打开车门，左手放在车门上面，向客户鞠躬，并微笑地说：“先生／女士！您好！欢迎光临！”

特别提示：

车未停好，严禁打开车门。在车主下车时告知车主取走车上贵重物品，以免出现不必要的纠纷。

（五）从顾客手中接过钥匙

左手靠背，右手弯曲45°，掌心平直接过钥匙。提醒客户将门窗关好。

（六）环车检查

检查车身是否有划痕，检查车门及天窗是否紧闭。检查完毕后高喊：“检查完毕！”如发现车身划痕应及时告知客户并请客户确认。

（七）开接车单

请客户在作业单上签字确认之后咨询车主需要服务的项目，叫专人登记。

提前准备好洗车工单、笔并记录车型、车牌、来店时间、预计交车时间。请客户出示会员卡，并请客户到休息区休息。如客户要离开，前台客服人员将车辆钥匙牌与停车卡一并交与客户，微笑地对客户说：“您好，您收好，请慢走！”

三、洗车作业

洗车操作步骤，具体如下页图所示。

（一）准备工作

当客户下车后，抽出地毯（取出脚垫），要防止地毯上的垃圾和灰尘掉到车上，并在司机位放一张汽车美容店指定的胶垫；待客户离开洗车区和确定车门窗被关

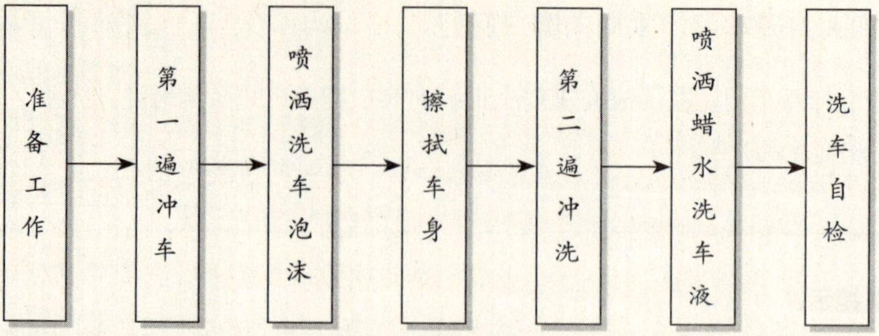

洗车操作步骤

好后，方可开始冲枪。

（二）第一遍冲车

（1）顺序由车顶→引擎盖→侧面→前轮及轮框→底盘横梁→后轮及轮框→后尾箱→另一侧面→前轮及轮框→底盘横梁→后轮及轮框（尽量减少重复）。

（2）调整洗车机压力为 4 ~ 6MPa，水枪方向与车表保持的角度为 45°，枪头与车身距离在 15 ~ 60cm 之间，把车身、轮仓、底盘的泥沙冲洗干净；冲洗完毕后，必须喊当值人员先关机，再关枪，否则枪很容易被损坏。

（3）用高压清洗机冲去车身污物，顺序自上而下。整个过程当中始终由一个方向向另一边的斜下方冲洗，尽量避免正向或反冲洗，以免将泥沙冲回已经冲洗干净的部位。

（4）冲洗车时不可忽视车身的下部及底部，因为大量的泥沙和污垢一般都聚集在这些部位，如果稍有不慎就会遗留下泥沙等物质，在进行下面的工序擦洗时就会划伤漆面。因此必须尽可能地冲洗掉车身下部及车底的大颗粒泥沙。

（5）冲洗泥沙多的漆面的水枪压力尽量小，以免大颗泥沙划伤漆面，轮仓里沙泥较多，冲的时候手要摸到里面，确定是否冲洗干净，冲洗完毕后，必须喊当值人员先关机，再关枪，否则枪很容易被损坏。

（6）车身通体用高压水枪打湿过而无遗漏，车漆表面无大颗粒泥沙或污物以确保以上步骤的顺利进行。

（三）喷洒洗车泡沫

1. 顺序

喷洒泡沫没有具体顺序，可以按字母N的结构行喷洒洗车泡沫。

2. 要点

(1) 施工前准备。

待一切准备就绪，高喊："开始洗车！"注意喊口号声音洪亮。

(2) 全车身喷洒预洗液。

身体距车身1m左右，左手握水管，右手握喷枪，喷洒方向由上到下，由前到后再由后至前，整个过程绕车身一周完成，喷洒均匀，无浪费。高喊"喷预洗液"。喷嘴不能打到车身，预洗液不要喷得满地都是。

3. 注意事项

喷洒洗车泡沫时，要注意以下事项：

(1) 泡沫机压力为0.6MPa，一定要成泡沫状，不能成液体状。

(2) 轮胎也要喷洒，从前向后，擦洗海绵或羊毛手套一定要干净，没有沙砾、而且很湿。

(3) 当擦完汽车后海绵或羊毛手套一定要放在清洁的水里泡洗。

(4) 在擦洗泥沙多的漆面时，要注意泥沙中的大颗沙砾划伤漆面。

(5) 分两块毛巾擦洗车体，以保险杠为界限分开，用力均匀，注重边角、细部。

(6) 均匀地喷洒在整个车表面，无遗漏，无漏擦之处，车身面漆无划痕。

（四）擦拭车身

1. 擦车顺序

引擎盖→车顶→后尾箱→侧面→保险杠以下部分（车裙）→轮盖→挡泥板，(尽量减少重复)。

2. 操作要点

(1) 戴上洗车手套分上部、下部擦拭。

(2) 左手扶在车身上，右手擦拭，顺序是由上到下，由前至后操作，最后擦拭下裙边部位，擦拭力量适中不要漏擦，最后用海绵清洁轮胎。

3. 注意事项

禁止身上有硬物以防刮伤车漆，禁止上下部手套混用。

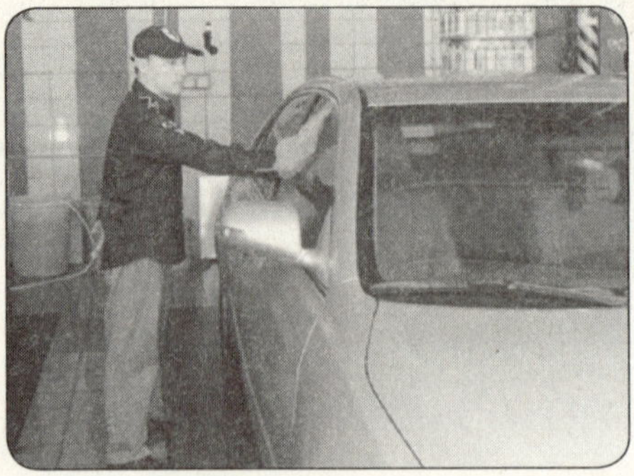

（五）第二遍冲洗

1. 顺序

车顶→引擎盖→侧面→胎铃→后尾箱→另一侧面→轮盖（尽量减少重复）。

2. 操作要点

身体距车身 0.5m 左右，左手握水管，右手握高压水枪，呈 45° 角对车身由上到下，由前到后再由后至前，整个过程绕车身一周完成冲水，底盘、轮框都要冲干净。

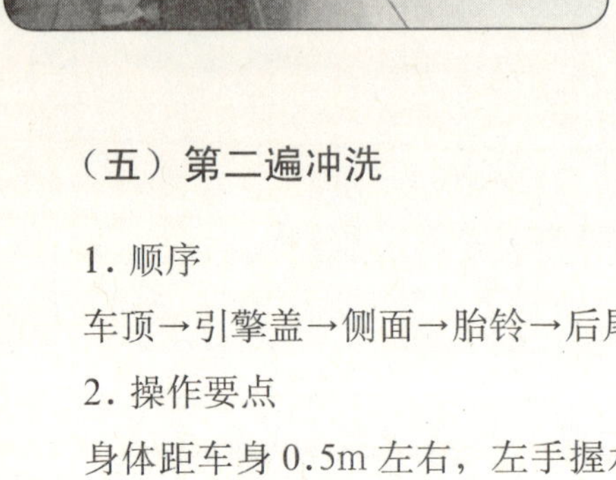

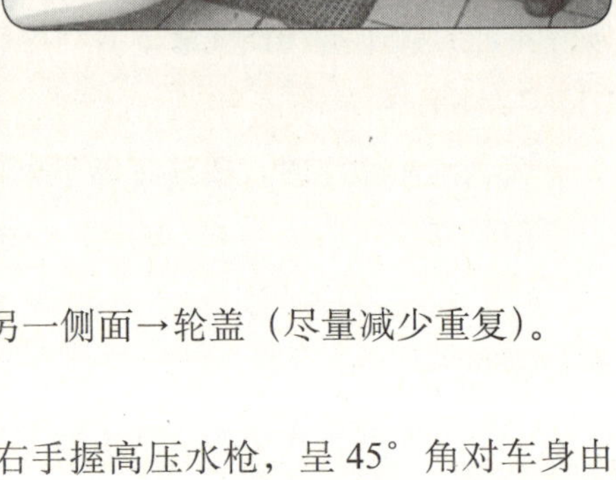

3. 注意事项

第二遍冲洗时，要注意以下事项：

(1) 从上到下，擦洗完毕之后，开始冲洗车身，但这时应以车顶、上部和中部为重点。因为冲车时已经将车身下部冲洗得比较干净并进行了一定的擦洗。

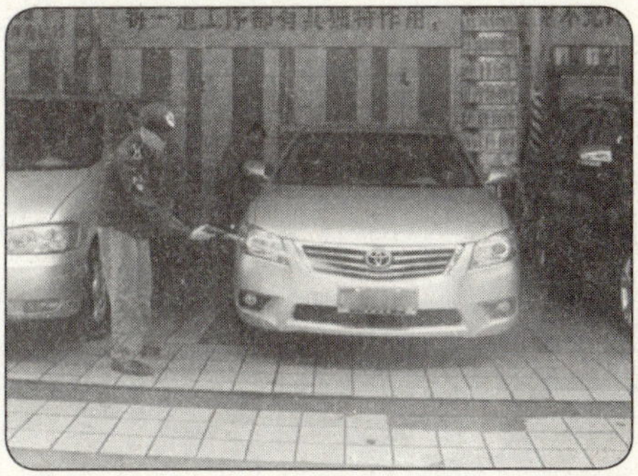

（2）冲洗中部以上的部位时向下流动的水基本能够将下部及底部冲洗干净，所以下部和底部一带而过即可。尽量在洗车液干燥前冲水。

（3）必须将死角泡沫冲洗干净，冲水完毕进行自检，未洗干净的车辆进行返工、重洗。

（4）水管不能碰到漆面，以免刮伤车漆。在冲洗轮胎和底盘时，双手要握住水枪冲洗。

（5）冲洗完后无泡沫和残留泥迹。

（六）喷洒蜡水洗车液

冲洗完毕后，在车身上均匀地洒上一层水蜡。

1. 操作要点

身体距车身0.5～1m，左手握喷管右手握喷枪，由上到下，由前到后再由后至前喷洒，绕车身一周完成，要喷洒均匀，并无浪费。高喊“喷蜡水”。

2. 注意事项

蜡水不要喷到玻璃上，喷嘴不能打到车身，不要喷得满地都是。

（七）洗车自检

环车身一周，仔细检查，要特别注意边角部位。底盘、轮框、胎铃是检查重点。

相关链接：汽车清洗发展史

我国洗车行业的发展成长过程大致可归结为六个阶段。

（一）原始阶段

20世纪80年代前，是在车主对自有车辆清洗的基础上发展而成，仅有简单的洗车工具如水桶、毛巾、自来水管等，对车辆进行简单的外表清洗，营业场所大多为路边临时建筑或露天作业，开展对社会车辆的清洗服务。

设施简陋，人员素质低，服务场所和人员均流动性较大，服务项目单一，基本未纳入政府部门管理，有部分洗车仅为停车、餐饮招揽生意的附属服务。

（二）成长阶段

20世纪90年代初，使用基本的清洗工具材料，如高压水枪、蓄水池、洗衣粉等，有相对固定的营业场所和从业人员，作为服务点基本纳入了工商税务部门的管理。服务项目单一、技术要求无标准逐渐成长为一项社会所需要服务业，接纳了较多的农村劳动力。

（三）垄断阶段

1991—1993年，各地政府部门为创建卫生城市提升城市综合形象而采取的一项强制措施，在城市要道口修建大型洗车场，拥有成套的专用设备，如清洗机、高泡机或大型自动洗车机进行流水线作业，并普遍使用洗车液，有专门的工作人员，但服务项目仍停留在外表的清洗。

计划经济的产物，投入高、规模大，靠行政命令推行，因违背市场经济规律而很快消失。

（四）发展阶段

1993—1996年，开始接受国外汽车美容护理的基本理念，由简单的外观清洗进入车内的美容护理，有专业的汽车清洗设备，如高泡机、吸尘器、洗衣机、脚垫烤干机等，使用专业的洗车液；从业人员也具备了一定的专业汽车护理常识，并且在护理的时候，根据汽车的情况，开始进行汽车内堂的护理，从业者在数量上和质量上都有一个较大的发展。

同行之间的竞争不仅仅比价格，更主要的是服务质量，用优质服务去吸引顾客。赢取自己的经济收入。

（五）专业阶段

1996—2003 年，进行全面防锈、护理、养护等方面的汽车美容，并开始研究顾客潜在的需求。这一代洗车场深刻领会并具体落实了什么叫做专业洗车方式和科学美容的方法，统一进行汽车美容施工流程；从业人员专业素质较高，技术人员一般都是通过专业学校培训的。

企业内部有较科学的管理，同行之间的竞争由硬性发展为软性，竭力为顾客提供享受式的服务，如在汽车美容店配上休闲茶楼、方便购物的精品店、供顾客活动的娱乐室等，并根据情况引导顾客消费，但这种配套的、专业的汽车美容服务店在中国只占 1/5 的比例。

（六）现代化阶段

2003 年以后，发展为品牌和规模化的汽车美容服务网络，表现为“绿色、环保、以人为本的个性化服务”。为拥有专业的全套汽车美容技术和科学养护方式，使用绿色环保设备、绿色环保护理用品等统一专业的施工操作流程。

四、室内外清洁擦干

室内外清洁擦干步骤，具体如下图所示。

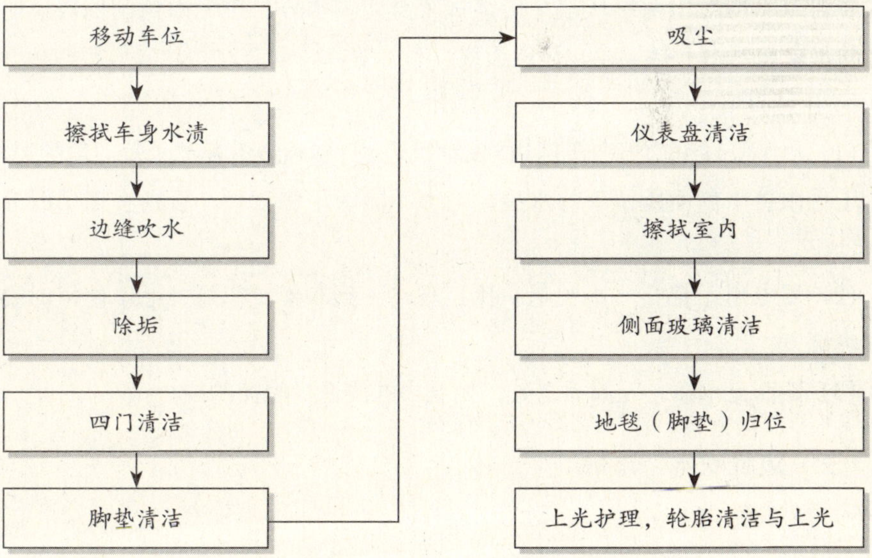

室内外清洁擦干步骤

（一）移动车位

把车引至正确的台下清洁区，注意带车安全。右手平直伸出与肩平齐，手心向外，左手与右手平齐手心向下，右手不断向车辆行进方向挥摆。

> **特别提示：**
>
> 非指定人员不得擅自移动车辆，场内移车速度不得超过5km/h。

（二）擦拭车身水渍

1. 顺序

引擎盖→车顶→侧面→车内门框→后尾箱→仪表盘（先擦完外面再擦里面，从外到里的顺序，尽量减少重复）。先用大毛巾把全车身上的水珠拖一遍，再用中号毛巾擦干。

2. 动作要点

两人一组，使用大毛巾在前或后车牌高喊："开始！"两人各持毛巾一端拉紧，毛巾从前至后或从后至前进行拖水，拖水完毕后再按相反方向重复操作一次，再两人各自双手持毛巾两端从前至后擦拭车身两侧水分。拉毛巾到前挡玻璃时，雨刮上的水要在毛巾上抖干净，注意天线、车标等。

3. 注意事项

(1) 用半湿性毛巾擦净车门边、发动机盖、行李箱边沿及油箱盖内侧的泥沙后，再用干毛巾擦干前面所留下的水痕，毛巾不能太干和太硬，否则在擦车时会刮花漆面。

(2) 用专用干棉布（不脱毛）擦拭玻璃、倒车镜、车灯。毛巾使用时要折叠成方块状。

(3) 漆面无水渍，无漏擦之处，无毛巾的残毛（脱掉的线）。

（三）边缝吹水、除垢

1. 顺序

前车灯→车前标志→侧面门灯→倒车镜→门把手→车门玻璃框（顺序可变，

尽量减少重复）。

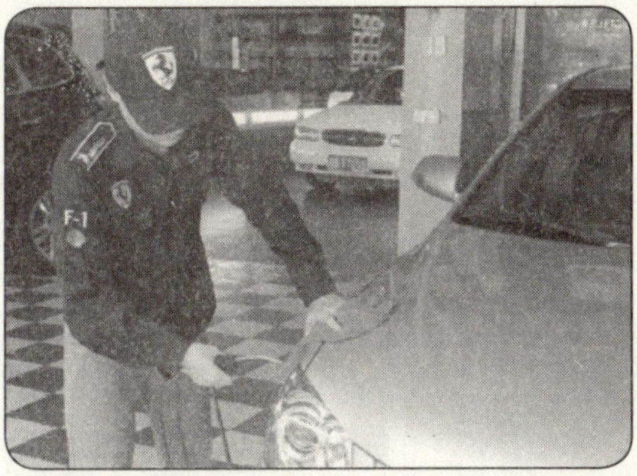

2. 操作要点

（1）从前到后，一手拿吹气枪，另一手拿半湿性毛巾和一把牙刷，吹是吹水，刷是刷污垢，吹气枪在使用时要与漆面或玻璃保持一定距离，以免刮花漆面或玻璃。

（2）枪嘴距车身 5 ～ 8cm，按以上顺序绕车身一周完成吹水，一边吹水一边用车身外表毛巾将从缝隙处吹出来的水擦干净。

（3）边缝没有水流出，干净无污垢；严格要求各边缝不能藏水。

特别提示：

气嘴头必须套上软质的保护胶，避免刮伤车漆。重点注意倒车镜、玻璃压条、腰线、门拉手、后车牌以及车杠栏栅。

（四）四门清洁

从上到下把门边框及门坎条水渍与污渍擦拭干净。

（1）擦门边、后尾箱，应把各扇门打开来擦。

（2）有的门边很脏，要多擦几次，特别是车门门槛。

（3）保证做到门槛无污垢，门边储物箱里无垃圾灰尘。

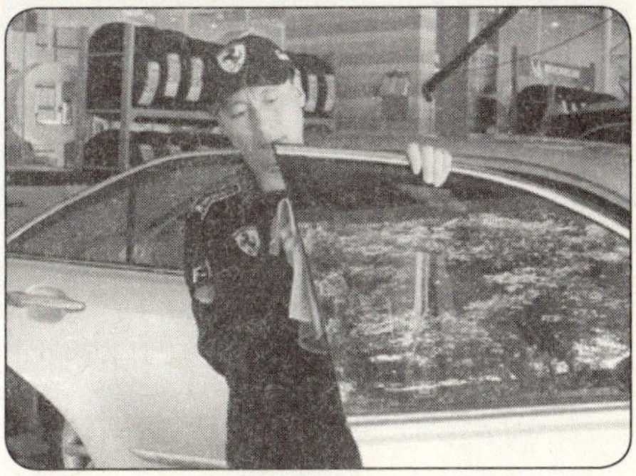

（五）脚垫清洁

1. 取出脚垫

双手把地毯两边卷起，小心仔细的取出。如有贵重物品遗留在地毯上及时通告！严禁将地毯上的灰尘散落在车内。

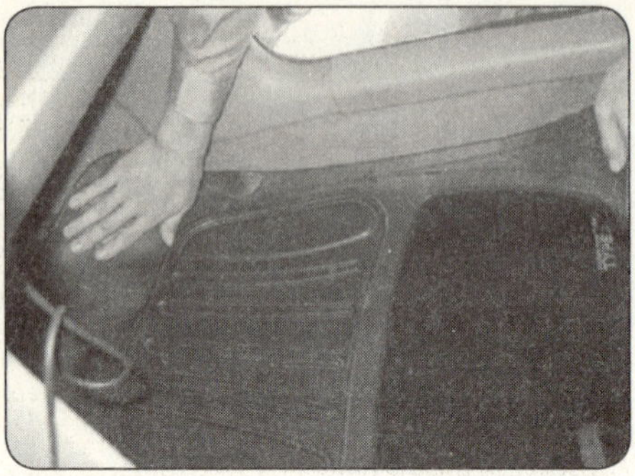

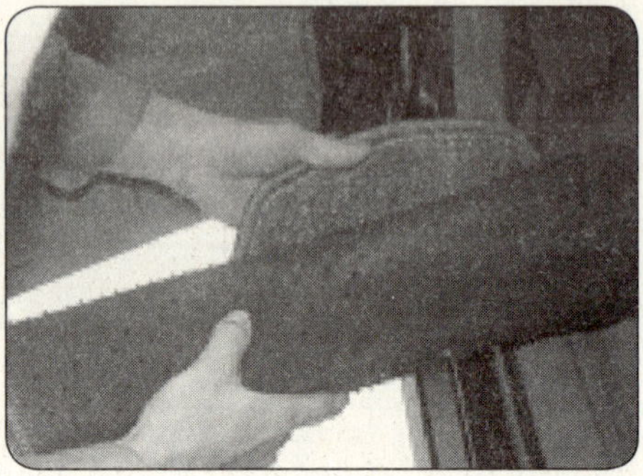

2. 清洁脚垫

使用刷子把地毯的灰粒刷干净，只能往一个方向去刷。 塑料脚垫直接用高压水枪冲洗干净，然后凉干。刷地毯时刷子蘸点水。

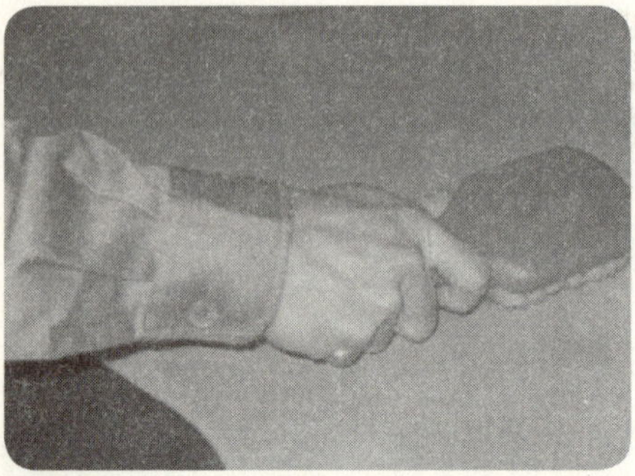

（六）吸尘

1. 顺序

用吸尘器将车内的尘土（仪表板、坐椅缝隙处及地毯）吸出→后尾箱吸尘→

垫好脚垫→喷洒香水或空气清新剂。

2. 操作要点

将吸尘管夹在两腿之间，吸座椅时用手掌拍打几下再去吸，吸管在地毯上来回吸，一定要把灰尘与沙粒吸干净，吸后尾箱时，用左手把吸管抬起，右手拿着吸嘴来回把沙粒与灰尘吸干净。

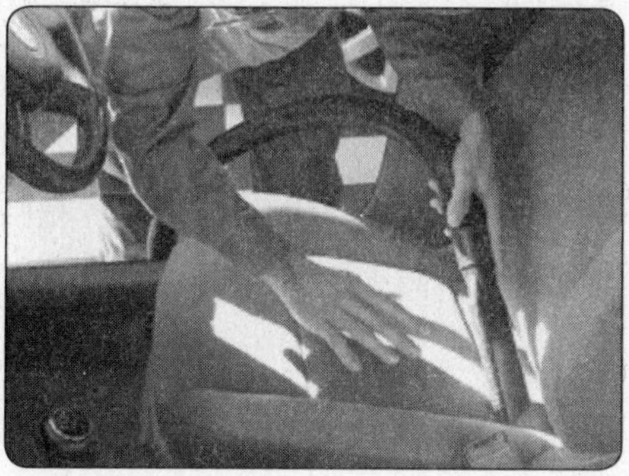

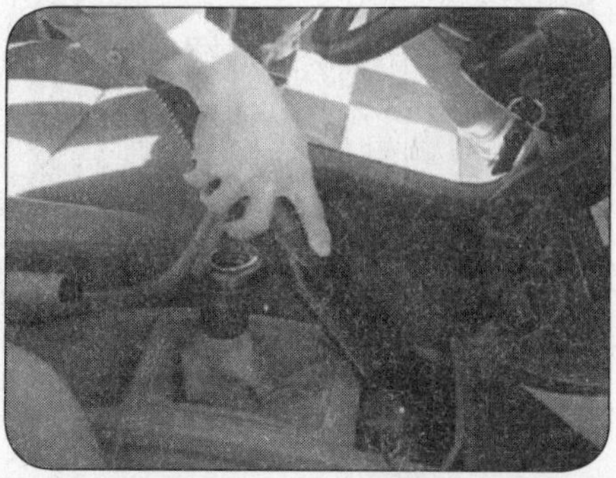

3. 注意事项

（1）备一条毛巾，在吸完地毯然后吸座椅的时候要先擦吸尘吸嘴，然后在坐椅表面吸尘，吸嘴禁止刮伤桃木，不要忘记清洁烟灰缸等。禁止吸尘机刮碰到车漆。如车内有物品和钱币，一定要先取出来。

（2）在吸尘过程中尽量少移动车主的东西，如果移动了，一定要放回原位。尽量在争取车主同意下移动车内的东西。还应记住向车内喷洒些香水或空气清新剂（车主的），这样车主会感到更加满意。

（七）仪表盘清洁

1. 顺序

从上到下，小毛巾配合小毛刷进行清洁，最后上光（根据洗车的档次定是否上仪表蜡）。

2. 操作要点

先用风枪吹干净，使用专用的毛巾把仪表台、方向盘等擦拭干净。

3. 注意事项

（1）小毛刷蘸一点湿水，这样才能把仪表盘上缝里的东西清理干净，倒掉烟灰缸内的烟灰及杂物并用水洗，特别脏的要用小毛刷刷洗。

（2）要注意音响、空调、中控锁、灯光等按钮。

（3）仪表盘上无灰尘，烟灰缸里无污垢。

（八）擦拭车内

使用专用的毛巾把坐椅从上到下擦拭干净，注意毛巾不能太湿。

（九）侧面玻璃清洁

1. 顺序

以一块为标准：先擦玻璃中间（一上一下地擦），再擦四周（沿玻璃边擦一遍）。

2. 操作要点

对玻璃外层喷玻璃水，用胶刮将玻璃水刮干，然后使用专用的鹿皮把玻璃内、外侧擦拭干净。

3. 注意事项

（1）不要弄坏玻璃上的太阳膜，并用毛巾套住手指或者牙刷将玻璃凹槽擦拭干净。

（2）擦玻璃一定要内外擦，毛巾一定要干的，但不能太硬；毛巾不能脱毛，且吸水效果很好。

（3）做到不留手印，不留水印，不能有毛巾掉下的毛丝。

（十）地毯（脚垫）归位

将地毯（脚垫）放进已清洁完毕的内箱里，要求地毯要有湿的感觉，不能有沙粒。

将脚垫平整地放入指定位置，塑料脚垫要用毛巾将其水分擦干。垫上的物品要归位，如棒球锁等。地毯上无灰尘、无沙砾。

特别提示：

把原来放入的汽车美容店指定的毛毯抽出来放在司机上车的地面上，再把顾客的地毯放入司机位。

（十一）上光护理

1. 操作要点

先喷上光材料到海绵球上，在仪表台、撤门板内侧上光、室外装饰条用橡胶翻新剂均匀擦拭至光亮。

2. 注意事项

不要喷得过多，不要喷到玻璃、漆面等部位。

（十二）轮胎清洁与上光

1. 胎铃清洁

使用轮胎刷仔细刷洗，刷洗后再用毛巾擦拭。

2. 轮胎上光护理

用排刷蘸少许轮胎蜡，绕轮胎边均匀擦拭，直到光亮。注意节约材料，不要弄得满地都是。

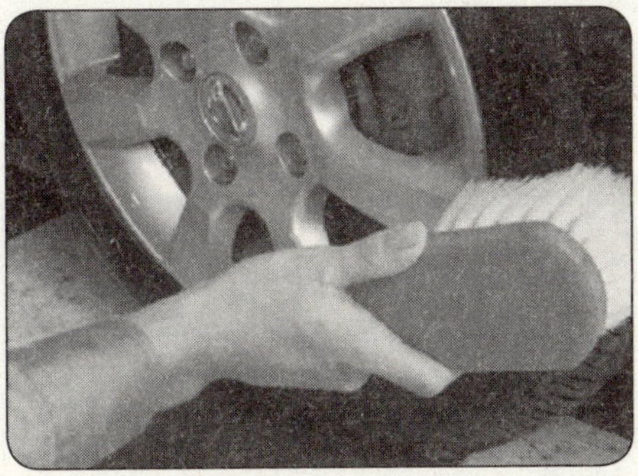

五、验车交车

（一）验车

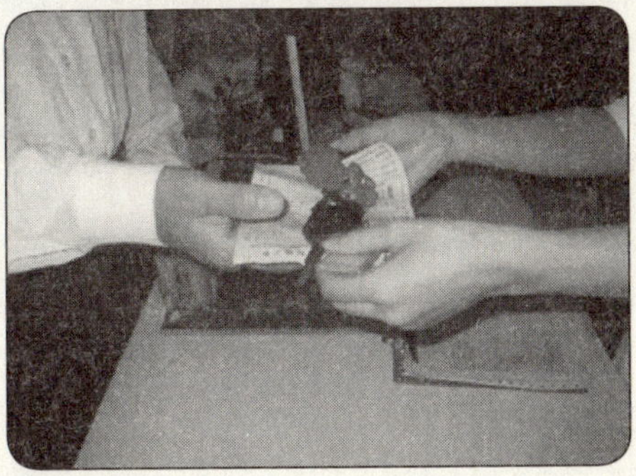

由内到外，绕车一周。

1. 操作要点

验车时应特别注意检查洗车工序中容易遗漏的部位，如发动机盖边沿及内侧、车门边缘内侧、车门把手内侧、后备箱边缘内侧、油箱盖内侧、车身底部、轮盖、轮胎及排气管等部件。检查不合格马上返工，不合格返工并记录责任人。

2. 验车标准

外部饰件应无尘、无污垢、无水痕；玻璃光亮；内饰部件无灰尘，室内无异味，坐垫及脚垫摆放整齐有序。

（二）交车

1. 交车

前台人员将钥匙、施工单交到客户手上。收回钥匙牌、停车卡等。

2. 微笑送车

为顾客摆放上车脚垫，左手打开车门，右手靠背，请客户入车。致欢送词："您好，欢迎再次光临。"、"先生／小姐慢走或欢迎再次光临！"

3. 引导客户离开店面服务区

右手平直伸出与肩平齐，掌心向外，左手与右手平齐掌心向下，向车辆行进方向挥摆，指引车辆离开店面服务区。当车主开动汽车并注意到你的时候，一定要挥手致意，表示你的友好。

世界名车车标 13：沃尔沃　VOLVO

国家：瑞典

车标解析：沃尔沃（VOLVO），也译为"富豪"。车标由图标和文字商标两部分组成。沃尔沃图形车标是由双圆环组成车轮的形状，并有指向右上方的箭头。中间的拉丁文"VOLVO"，是滚滚向前的意思，寓意着沃尔沃汽车的车轮滚滚向前和公司兴旺发达、前途无量。

第二节　汽车打蜡服务

一、打蜡常用工具

打蜡常用的工具包括蜡品、牙刷、毛刷、水桶、泡沫剂、表板蜡、刀片、打蜡海绵、擦蜡毛巾、湿毛巾等。

打蜡常用工具

二、新车开蜡

新车下线时为了避免在运输过程中或露天停放时风吹日晒、雨淋以及粉尘烟雾等的侵蚀，都必须进行喷蜡覆盖保护，以防漆面受蚀氧化。但在新车交付正常使用时，这层新车的保护蜡必须先除去，然后再重新清洗上光护理。

（一）选择开蜡水

新车的开蜡要使用专用的开蜡水。不能使用其他溶剂来代替。开蜡水是新车开蜡作业最重要的用品，具有较强的溶解能力和去油污能力。

一般新车车蜡在喷上开蜡水后几分钟内，就可以将车表蜡层完全溶解，而且对漆面及塑料、橡胶件无腐蚀。

（二）新车开蜡步骤

新车开蜡步骤为车身高压冲洗→喷施合适的开蜡水→擦拭→清洗→擦干。具体的操作详见本技能开蜡过程。

（三）新车开蜡注意事项

新车开蜡注意事项，主要包括以下几点：

（1）高压冲洗时，压力不要高于 7MPa。

（2）高压冲洗只需冲掉灰尘及泥沙等可能影响除蜡效果的杂质。

（3）在开蜡前不要使用洗车液，以免造成无谓浪费。

（4）开蜡水喷施一定要均匀，边角缝隙处千万不可忽视。

（5）喷施开蜡水后，要待开蜡水完全渗透蜡层并使其开始溶解后，才能用毛巾擦拭。

（6）最后的清洗及擦干，要按洗车作业规程实施。以清除留在车身表面的部分蜡质及杂质。

三、打蜡操作流程

打蜡流程如下图所示：

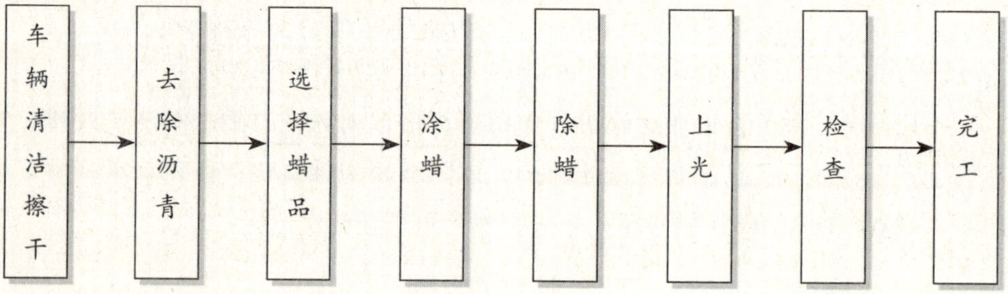

洗车操作步骤

（一）准备工作

（1）操作员穿好打蜡用的围裙。

（2）将所需要的蜡品、牙刷、毛刷、水桶、泡沫剂、表板蜡、刀片、打蜡海绵、擦蜡毛巾、湿毛巾等放入工具箱内。

（3）清洁车身，车身洗净，置于打蜡车间。

（4）去柏油、虫尸、树脂等

——先将车身清洗干净，即可看出柏油颗粒。但如果为深色车就不易发现，也没有那种很不雅的感觉。

——在干净毛巾上蘸上柴油或煤油，并轻抹在柏油处，或将柴油或煤油装在喷涂容器内喷洒在柏油处。

——等待车身上的柏油溶解。

——擦拭溶解后的柏油，如果仍未能完全溶解，可再多加些柴油或煤油使其溶解。

——擦拭干净后，立即用清水清洗该处并擦拭干净。

特别提示：

不要让柏油清洁剂在油漆表面停留太久，做到全车无柏油、虫尸、树脂痕迹。

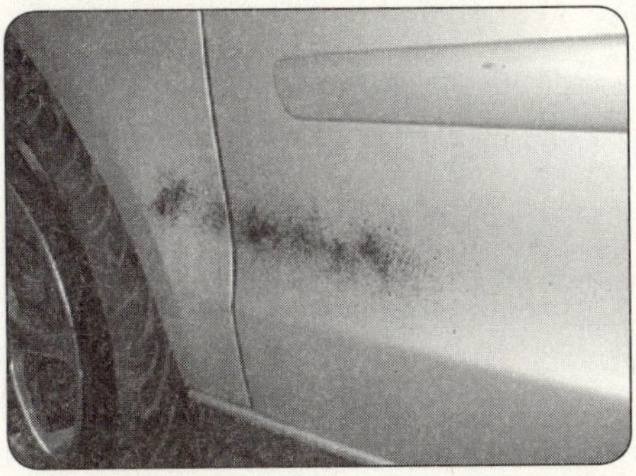

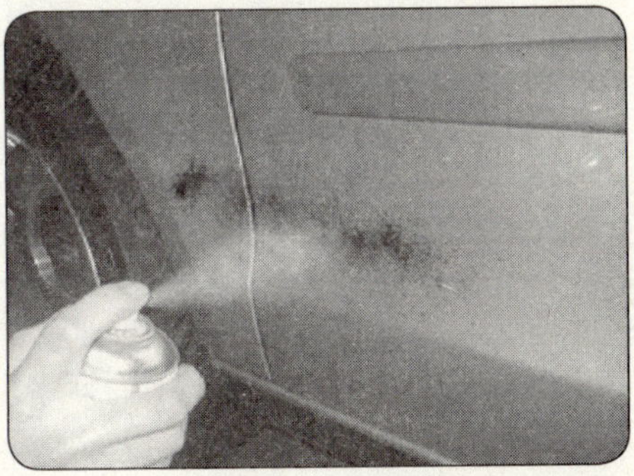

（5）选择蜡品。

比较脏且有轻微氧化层的漆面选择去污蜡操作。颜色漆面（如绿色、蓝色、黑色、红色等）选择上光蜡或水晶蜡操作。比较光亮无氧化层的漆面选择防水增光效果比较好的蜡品操作。

（二）涂蜡

把漆面分成几部分，按右前机盖→左前机盖→右前翼子板→右前车门→右后车门→右后翼子板→后备箱盖的顺序研磨右半车身，按相反顺序研磨左半车身。直到所有漆面无遗漏地打蜡。

在全部漆面上均匀涂一薄层车蜡，以漆面明显覆盖一层车蜡为准，喷漆的前后塑料保险杠也要涂蜡。

特别提示：

需要在阴暗地方，最好车体不是很热；用涂蜡海绵在车身上打圈，把蜡均匀地涂抹在车身表面上，要求用蜡要适量，力度要均匀，动作要柔软，给人一种美的感觉，尽量不要涂抹到橡胶件、塑料件上、玻璃上，特别是玻璃上。因为清理困难而且难看。尽量做到涂抹均匀，没有遗漏。

(1) 浅色车：将适量的车蜡涂于海绵上，按照汽车行驶方向以“Z“字形走直线的方式，从前至后，从上到下的顺序往返涂抹（一般每车用蜡量为 1/8 盒），每道涂沫层与上道涂沫层应有 1/5 ~ 1/4 的重复区，以保证不漏涂及涂沫不均匀。

(2) 深色车：采用网复式操作方式，每道涂沫层与上道涂沫层应有 1/5 ~ 1/4 的重复区，以保证均匀涂沫并不遗漏。

（三）除蜡

(1) 上蜡后 5 ~ 10min，待蜡干透后，用擦蜡毛巾擦拭。

特别提示：

用手指在打完蜡的漆面上抹一下，然后用两指轻搓，如手指上的蜡成粉状，则蜡已干，可以擦蜡。

(2) 除蜡后彻底清洁玻璃、保险杠、饰条、轮胎、钢圈等，顺序与涂抹蜡一样。用纯棉毛巾把蜡擦掉并用合成鹿皮摩擦漆面，直到漆面的倒影清晰可见为佳。

(3) 用牙刷将边角处及缝隙处残留的余蜡清理干净，并用鸡毛扫将蜡尘扫干净，再用鹿皮进行全车护理。

(4) 彻底清洁玻璃、保险杠、胶边、轮胎及门边等。

注意：必须等待车身上的蜡干后，即发白的时候，或用手去感觉（感觉到漆面光滑即可），擦蜡毛巾不要太硬，但一定的是干的，擦蜡毛巾为纯棉料，要求力度适中。使用的时候要折叠成方块状，五指并拢，压在毛巾上擦。需要达到的标准为没有迹印和蜡印，没有遗漏，倒影清晰可见，漆面色泽亮丽，有新车的感觉。

（四）重点擦蜡位置

对重点擦蜡位置擦蜡时，其顺序与涂抹蜡一样，将残留在汽车表面缝隙里的车蜡清理干净，让车保持彻底的干净。使用牙刷时候不要用力太大。保证缝隙里无污垢，干净。

(1) 车前中网位置。

擦拭前

擦拭后

(2) 雨刷器下部位置。

擦拭前

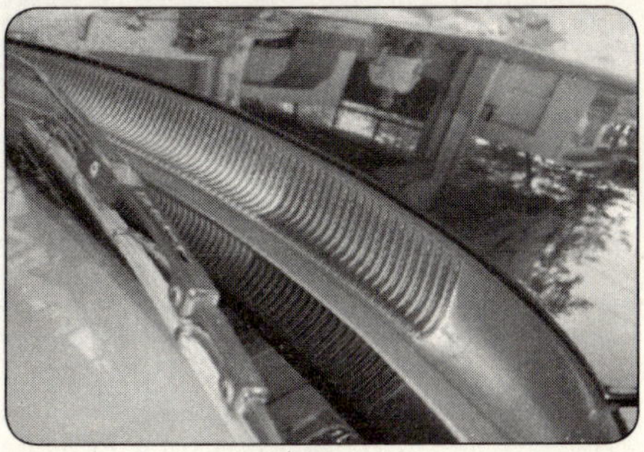

擦拭后

（3）倒车镜位置。

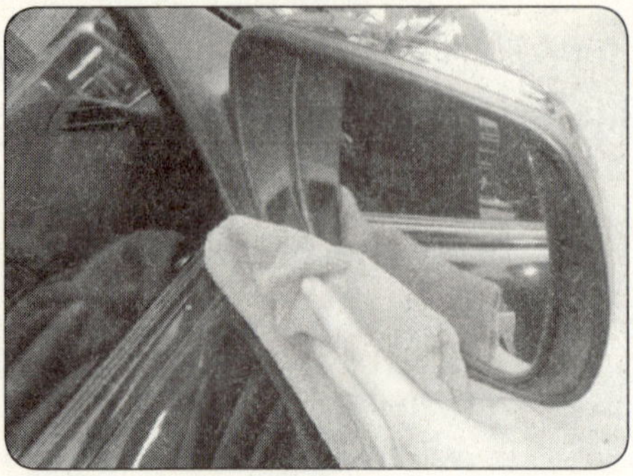

擦拭前

擦拭后

（4）车门内侧边缘位置。

擦拭前

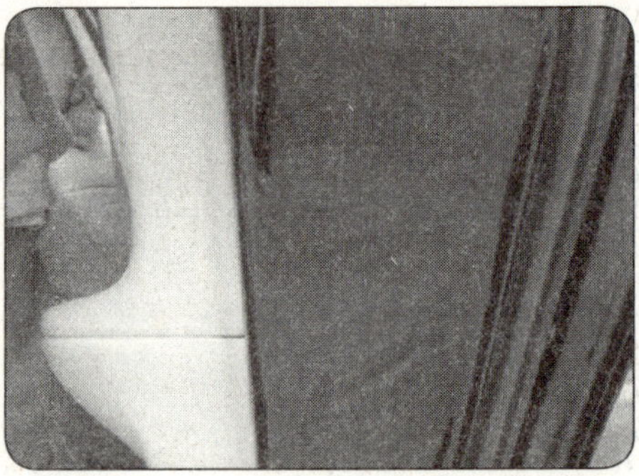

擦拭后

（5）车门拉手。

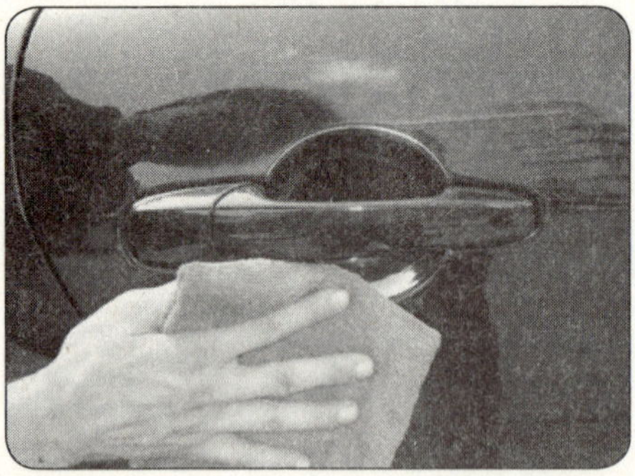

擦拭前

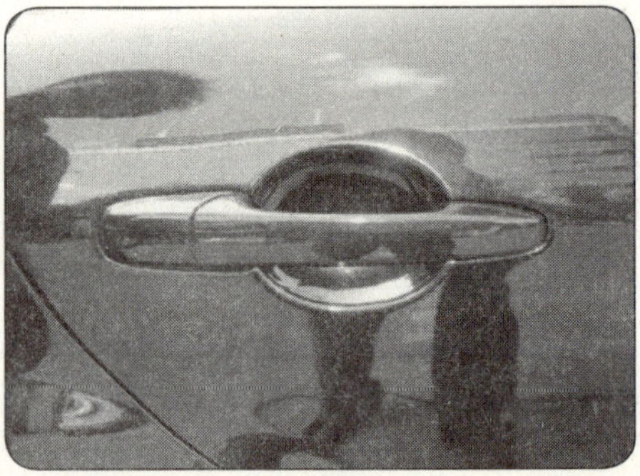

擦拭后

（6）车门锁位置。

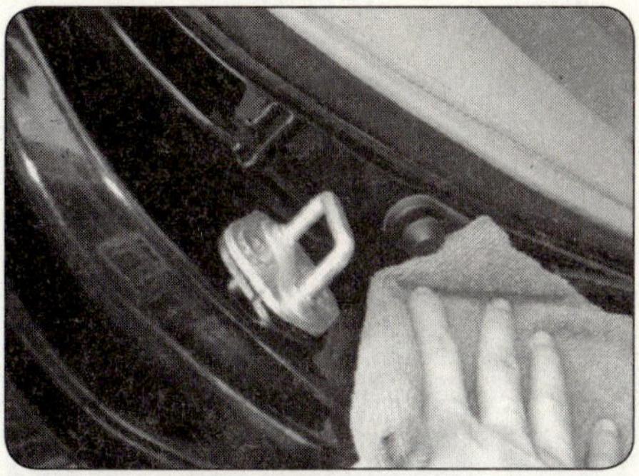

擦拭前

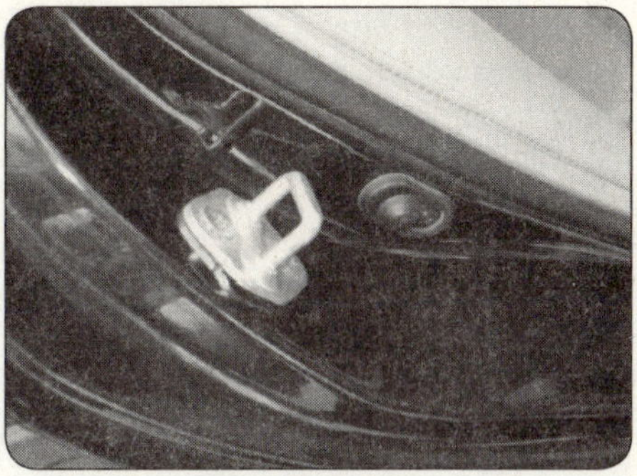

擦拭后

（7）车牌照框位置。

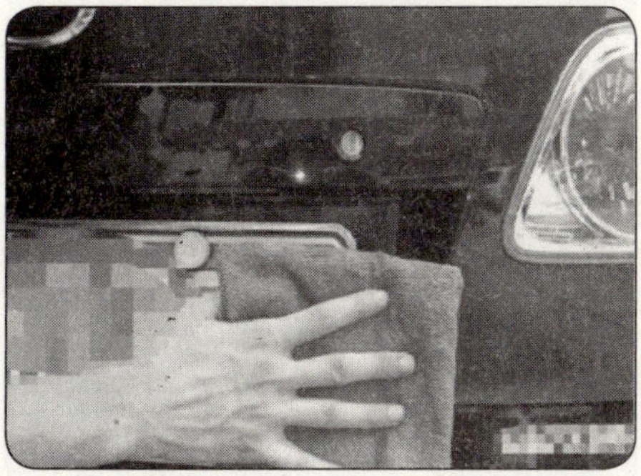

擦拭前

擦拭后

（8）车身标志。

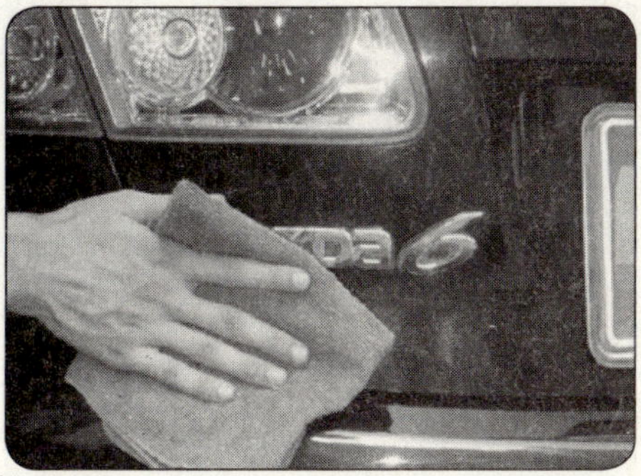

擦拭前

擦拭后

（五）外部塑胶部件、橡胶部件、仪表台

外部塑胶部件、橡胶部件进行上光护理，仪表台上光护理顺序与涂抹蜡一样。尽量不要涂抹到漆面上和玻璃上，特别是玻璃上；因为塑料胶边色泽还原剂是一种很油性的液体，清理起来比较困难。色泽亮丽、很有油性的状态。

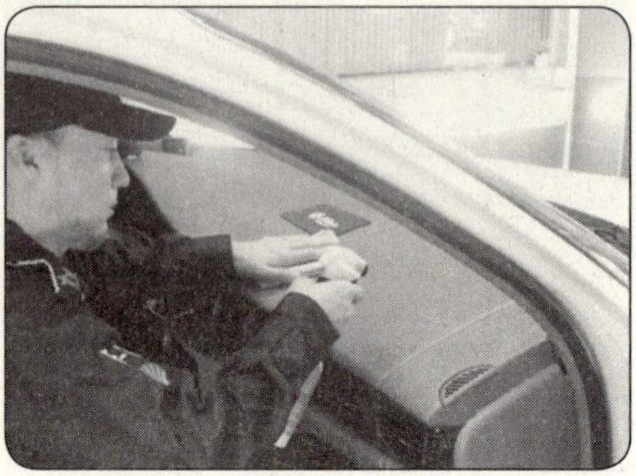

仪表台

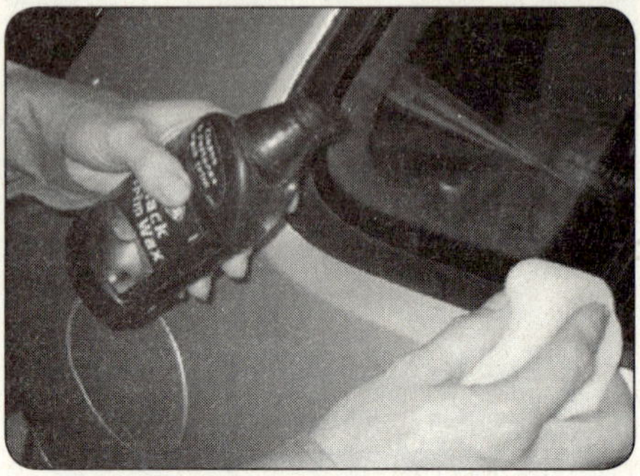

外部塑胶部件、橡胶部件

（六）自检

对车辆各打蜡部位仔细检查，检查无误后让质检人员对车辆打蜡结果进行检查。

（七）质检

（1）全车无柏油、虫尸、树脂等污渍痕迹。

（2）全车漆面干净整洁，车身光亮、手感光滑。

（3）车蜡均匀，车表没有残蜡或打花光圈。

（4）塑料胶边色泽还原、色泽亮丽。

（5）车辆室内、外干净、整洁。

质检检查完毕后，通知前台车辆打蜡完工。

（八）清理现场

将工具、材料要注意归位，垃圾要迅速处理（在车流量高峰期除外），清洗脏的海绵球、牙刷；其中，毛巾和合成鹿皮最好在下班的时候才清洗，因为擦蜡和提光并不会使毛巾弄脏。保证现场干净、整齐。

仪表台

外部塑胶部件、橡胶部件

（九）注意事项

打蜡注意事项，主要包括以下几项：

(1) 打蜡必须在室内或阴凉地方操作。

(2) 打蜡前应彻底清洁车身表面，并保证漆面干爽、无水分。

(3) 打蜡和研磨、抛光不同，研磨、抛光是使产品对漆面切割和平整，漆面不要求有产品残余。打蜡是在漆面形成保护层，要求有适量车蜡留在车表。打腊时只要将车蜡在漆面涂就可以，不需力量，不需在上漆面重复。

(4) 打蜡时如果海绵上出现和车漆相同的颜色，可能是漆面已经破损，此时操作要小心，力度要轻，并提醒车主。

(5) 橡胶保险杠、车身饰条、车窗防雨密封条等塑胶件避免涂蜡，若涂到马上用干净毛巾擦净，原因是车蜡在橡胶表面干后呈白色，难以擦去。

(6) 车表面温度应降到常温。发动机温度高时，要打开前机盖散热。原因是车体温度高时车蜡干燥太快，容易打花。

(7) 使用前打蜡海绵必须干净，每次用完后必须清洗干净，放在阴凉处风干。

(8)车蜡的干燥参考时间 5 ~ 10min，应灵活掌握。干燥时间随环境湿度而不同；

湿度大时干燥慢，湿度小时干燥快。

（9）若出现打花现象，用 A3316/A3416/A1616 喷于车表，用纯棉毛巾旋转擦拭。

（10）材料要安全使用。

（11）禁止先在车身上喷去污剂，应除到哪就喷到哪，以免伤人（特殊情况除外）。

（12）用纯毛工具去渍，不得借助工具，以免伤人（特殊情况除外）。

（13）打蜡时不能穿有皮带扣或纽扣的衣裤，以免刮伤车身。

（14）使用电动打蜡机时，如非专业人员，千万不可用力过大，否则会将原漆打起来。

世界名车车标 14：马自达　MAZDA

国家：日本

车标解析：马自达汽车公司的原名为东洋工业公司，生产的汽车用公司创始人松田的名字来命名，又因“松田”的拼音为 MAZDA（马自达），所以人们便习惯将其生产的汽车称为马自达。马自达起初使用的车标，是在椭圆之中有一双手捧着一个太阳，寓意马自达公司将拥有明天，马自达汽车跑遍全球。马自达公司与福特公司合作之后，采用了新的车标，即在椭圆中有一只展翅飞翔的海鸥，同时又组成“M”字样。“M”是“MAZDA”的第一个大写字母，预示着该公司将展翅高飞，以无穷的创意和真诚的服务，迈向新世纪。

第三节　漆面美容养护

一、基本工具与用品

（一）基本工具

基本工具主要包括研磨＼抛光机，W7000级的海绵＼羊毛抛光盘、封边胶布＼大毛巾、喷壶、纯棉毛巾。

（二）用品

基本用品有轻度研磨剂、中度研磨剂、重度研磨剂、万用清洗剂。

二、准备工作

车漆镜面处理的准备工作，具体如下图所示。

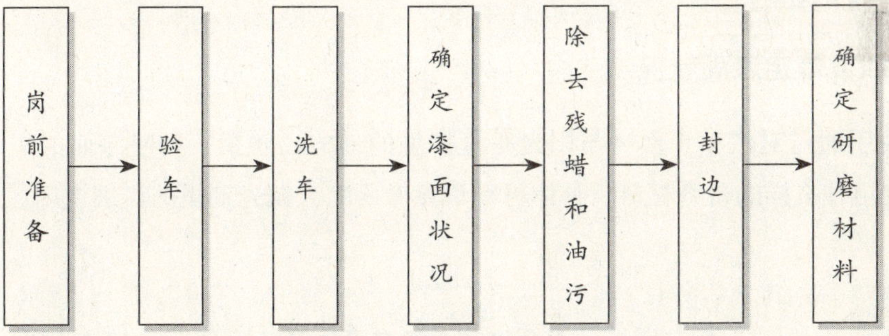

车漆镜面处理准备工作

（一）岗前准备

(1) 穿戴整洁的工作服，佩戴工作证。工作服的拉链、纽扣不应外露，防止擦伤车漆；同时必须围上专业围裙，佩戴手套、口罩。

(2) 不得佩戴戒指、手表、手链饰品。

(3) 衣服口袋中不得装有坚硬、锋利的物品，如钥匙扣等。

(4) 指甲不应太长，以不能容纳甲垢为准。

(5) 男生不得蓄长发，双鬓发长不应超过耳际，前额头发长不应超过眼睛，后面头发不得盖过衣领，不得染发。

(6) 抛光和做镜面时必须围上围裙；戴手套、口罩。

（二）验车

1. 验车人员

(1) 由前台接待人员、施工技师检验并确认签字。

(2) 由前台接待人员把验车单交与客户并签字确认。

2. 注意事项

检查车身是否有深度划痕，了解漆面是否翻过新，有没有凹坑、掉漆等情况，漆面是否干燥，是否有补漆接口，胶条是否老化。

对玻璃、前灯、后灯、后视镜、雨刮器、门把手、天窗、轮胎、钢圈、前后杠、装饰条、字标、天线等逐一检查有无损坏或异常。

（三）洗车（不用吸尘）

同洗车服务。

（四）确定漆面状况

用手通过对汽车正面（与阳光垂直接触的地方）触摸，判断漆面的氧化状况来判定用什么样的研磨材料。具体材料请参考研磨、抛光剂里的详细说明。

相关链接：漆面诊断、汽车腐蚀及污垢分析

一、漆面诊断

漆面诊断就是判断漆面问题，并找到解决方法。

（一）漆面污染分析

漆面污染一般由酸雨、工业污染、紫外线照射等因素造成，包括以下两个方面：

1. 表面污染

表面污染主要包括灰尘、树胶、沥青、新鲜鸟粪、工业排放、静电吸附、飞漆等。

2. 深层污染

（1）雨腐蚀。因酸雨造成，局部发乌、发涩。

（2）深层氧化层。长期阳光照射形成，车漆发乌、无光泽。影响打蜡效果。

（3）微划痕（条纹、旋纹）。不规范洗车或电脑洗车造成漆面的划伤，在强烈阳光下有非常明显的蜘蛛网纹，影响车的光泽。

（4）褪色。汽车长期使用造成，车漆出现不均匀的色差。

（5）水痕、蚀痕、龟裂。漆面不注意保养，表面污染不及时清除，形成了深层污染。

（二）判断方法

判断方法有视觉和触觉两种方法。

1. 视觉

使用不同的光源来观察，如自然光、荧光灯和其他人造光源，它们会帮助找出漆面缺陷。漆面判断需要较强烈的光源，如强烈日光或不同角度设置的太阳灯。

2. 触觉

单独的观察不能准确地判断缺陷，使用触觉会发现视觉无法发现的问题。

（1）洗手并擦干，用手掌在漆面上触摸，特别是手指的感觉，来发现漆面缺陷。保护很好的漆面摸起来的感觉是玻璃一样，如果漆面不像玻璃一样光滑，就无法得到良好的光泽感。

（2）用烟盒的塑料包装纸套在手指上，在漆面触摸。可以放大漆面粗糙度，如果漆面摸起来非常粗糙，说明漆面有较严重氧化层。

3. 解决方法

（1）污染用香波洗车或漆面清洁可处理。

（2）深层污染用漆面研磨，漆面抛光等方法可处理，更严重需用水砂纸打磨。

（3）有条纹或用烟盒纸触摸粗糙的漆面需要研磨后抛光和上蜡保护。

（4）制订合理的汽车美容保养计划，定期洗车、打蜡。

二、汽车腐蚀分析

1. 影响汽车腐蚀的因素

（1）含有湿气的污垢或碎屑物留在车身板部分、空间或其他部位。

（2）由于沙砾或小的交通事故造成的喷漆层或其他防护层损伤。

（3）车身下部积存的沙、污垢或积水。

（4）在相对湿度较高的地区（如沿海地区）腐蚀会加速；而在气温持续在冰点以上，有大气污染以及往公路上撒盐的地区腐蚀更为严重。

（5）湿度高、通风不良，会使零部件腐蚀加速。

2. 防止汽车腐蚀的措施

（1）经常刷洗汽车，定期打蜡，以保护喷漆层并保持光亮。

（2）经常检查车辆是否有较小的损伤，如有损伤应及时进行修理。

（3）保持车门底部和后挡板的排水孔畅通，以避免积水，引起腐蚀。

（4）经常检查车身下部和车门，如有沙砾、污物等，应用水将其冲洗干净。

三、汽车的污垢分析

汽车及其零部件的污垢包括外部沉积物、润滑材料的残留物、碳化沉积物、锈蚀物、积炭和老漆层的残留物。由于这些污垢各有自己不同的性质，因此从表面清除它们的难易程度也不同。污垢往往具有很高的附着力，它牢固地固着在零件的表面。

（一）外部沉积物

外部沉积物可以分为尘埃、沉积物和油腻沉积物。大气中经常含有一定数量的尘埃，在运动着的车辆附近，当尘埃的颗粒度为 5 ~ 30mm 时，尘埃的含量就达到 $0.05g/m^3$ 左右。当尘埃颗粒的含量增加时，它在金属表面的凝聚和沉积也就加快。在潮湿的空气中，由于吸附的水膜会提高尘粒间的附着力，从而使尘粒加速凝聚，尘粒固着在表面上牢固程度取决于表面的清洁程度、尘粒的大小和空气的湿度。油腻沉积物，是由于污泥和尘埃落到被机油污染了的零件上而形成的。也可能相反，是由于润滑油落到污染的表面上，此时润滑油浸透污泥。

（二）润滑残留物

润滑残留物是发动机最常见的污垢。在使用汽车时，润滑料经受急剧变化，发生"老化"过程、氧化和聚合。但要从长期工作的润滑油介质中的零件表面上，清除润滑油残留物是比较困难的。

（三）碳化沉积物

产生在发动机上的碳化沉积物可以分为：积炭、类漆沉积物和沉淀物。积炭是坚硬的碳化物，它集聚在发动机零件上。类漆沉积物是在活塞环区域内构成的薄膜，同时也出现在活塞裙部和内壁上。沉淀物是沉积在壳体壁、曲轴颈、齿轮、机油泵和润滑油道中的油泥凝结物。在发动机内产生碳化沉积物的主要原因是由于碳氢化合物的热氧化作用。随着润滑油和燃油氧化程度的增长，氧化产物中的含氧酸、炭质沥青和碳化物的数量也随之增加。

（四）积炭

积炭的构成主要是由于燃油和润滑油在高温区燃烧而形成硬的、没有黏性的炭粒。在较低的区域内，润滑油氧化和浓缩的变化不很剧烈，此时形成黏稠的高分子化合物。这些化合物沉积在零件上呈薄薄一层漆膜，这种漆膜具有燃烧后的燃油和润滑油的炭粒子固着在自己表面上的能力。这些粒子的逐渐凝结就构成碳化沉积物（积炭）。根据发动机的结构、使用条件、所用燃油和润滑油性质，积炭就有不同的化学成分。在汽车发动机中，积炭的主要成分是：炭质沥青和碳化物（质量分数为 30% ~ 70%），润滑油和焦油（质量分数为 8% ~ 30%），剩下的为含氧酸和灰等。因此，积炭大部分由不溶的或难溶的成分组成，所以难以清除。

（五）锈蚀物

锈蚀物是由于金属和合金的化学或电化学破坏而形成的。在钢铁零件表面上很容易形成微红褐色的薄膜——氧化铁的水化物（铁锈）。氧化物的水化物能溶于酸中而只能微溶于碱和水中。铝件同样会生锈，它的产物呈灰白色薄膜，即氧化铝或氧化铝的水化物。发动机使用时在冷却系统中会产生水垢。在发动机冷却水套及散热器壁上形成的水垢使热交换过程发生困难，并破坏发动机的正常工作，水中处于溶解状态的钙盐和镁盐（即水的硬度）是形成水垢的条件。硬度可以分为暂时的（碳酸盐）和永久的（非碳酸盐的）两类。溶解在水中的碳酸氢钙、碳酸氢镁和硫酸钙等称暂时硬度。除水垢外，发动机冷却系统中由于落入机械杂质（沙、土）、有机物质（微小的有机物、植物）和锈蚀物而构成淤泥沉积物。

（五）除去残蜡和油污

将万用清洗剂 1：20 稀释，用喷壶喷于车表，洗净擦干。做到无残蜡和油污。

（六）封边

（1）首先用胶带把所有的装饰条、门把手、倒车镜、玻璃胶条、标志、转向灯、天线、天窗胶条封好，避免把不必要打磨的地方损坏。

（2）拆下转向灯、喷水嘴（为了更彻底地满足客户需求，可拆下转向灯、喷水嘴等处，以便砂光到位，防止客户投诉，各部件边缘处过厚，影响整体美感现象的发生）。

（七）确定研磨材料

为了确定使用研磨剂的种类，需对漆面问题进行判断。在不明显处的小块面积试用研磨剂。研磨剂优先选用轻度研磨剂，如果漆面缺陷较严重，在考虑选用中度或重度研磨剂。产品使用顺序必须是：先“重”，再“中”，最后“轻”。

特别提示：

在确定研磨材料时，一定要选不明显的地方试，然后依照先重后轻的顺序。

三、研磨

漆面研磨就是使用研磨剂来解决漆面氧化层、条纹、污染、褪色等影响漆面外观的深层问题。

（一）干磨

在使用无尘干磨进行施工时，首先应该检查车漆状况是否良好，如果是原车漆，可以进行正常施工，如果是针对烤过漆的车进行镜面处理，可判断车漆是否干透，(干透时间一般夏季在一周以上，冬季在15天以上)。

若车漆没充分干透，在施工过程中，一方面会造成砂纸的浪费，打磨不彻底，另一方面在施工后做抛光处理时容易造成漆面发乌，影响亮度，正常施工所用砂纸一般在10张左右。

（二）水磨

根据不同车漆进行打磨。先用含有中性洗车液的水冲洗待打磨的部位。研磨时手势应为五指合拢，用手掌而不是用手指研磨，同时不断用另一只手拿喷壶冲洗漆面，以防止漆面上打磨下来的漆面颗粒堵塞砂纸，造成二次划伤。

研磨过程中应根据车漆的硬度及具体情况来掌握砂纸模板的施加力度。研磨时要均匀用力，逐步推进二分之一重叠，横向或纵向幅度约30cm。研磨后使车漆表面呈哑光状态。

特别提示：

研磨时不要在一个地方长时间研磨，应根据眼睛观察及经验不断地变换部位，以免砂漏底漆，同时不要研磨到装饰条、密封条、镀铬条门把手和不应研磨的部位。

（三）干磨与水磨区别

干磨与水磨区别，主要体现为以下几个方面：

(1) 水磨施工安全系数要高于干磨。

(2) 干磨效率高于水磨的3～5倍。

(3) 干磨处理桔皮的效果上要好于水磨。

(4) 干磨抛光后的亮度是水磨的5倍。

(5) 干磨施工后的环境干净、整洁。

（四）研磨顺序

研磨部位按右车顶→右前机盖→左前机盖→右前翼子板→右前车门→右后车门→右后翼子板→后备箱盖的顺序研磨右半车身，按相反顺序研磨左半车身。做车顶时可打开车门，在门边垫毛巾，踩在门边上操作。

（五）研磨操作过程

（1）将海绵研磨盘浸湿，安装在研磨机上，空转5s，将多余水分甩净。

（2）把研磨剂摇匀，倒在海绵研磨盘上少许，用研磨盘在漆面上涂抹均匀，喷少许水（雾状）。

（3）调整研磨机转速到1400～1800r/min，启动研磨机，沿车身方向直线来回移动，研磨盘经过的长条轨迹之间覆盖三分之一，不漏大面积漆。

（4）在研磨时应不断保持研磨盘和漆面处于常温状态，在漆面温度升幅超过20℃时对研磨的漆面喷水降温。

（5）对于车身边角不宜使用研磨机的位置，采用手工方法研磨，用干毛巾蘸研磨剂研磨。把整个车身有漆面的地方全部做完，包括喷漆的保险杠，注意此处温度不宜过高。注意边角、棱角，不要用力研磨，因为这些地方漆膜较薄。

相关链接：车漆的常见病症

由于汽车在行驶时会受到各种不同程度的伤害，加之车主没有正确地维护和保养好汽车，因此汽车很容易出现各种不同症状。

一、氧化

1. 形成原因

阳光的常年照射是缩短车漆寿命的主要原因，阳光中的紫外线最终会造成汽车涂层衰竭，这个过程叫氧化。如果车身漆面上存有小水滴时，由于水滴呈扁平凸透镜状，在阳光的照射下，对日光有聚焦作用，焦点处的温度高达800～1000℃，从而导致漆面被灼蚀，这一现象在汽车美容行业中常被称为透镜效应，会造成车漆加速氧化。其主要症状为肉眼可以观察到车身漆面发乌、发白、失光、表皮粗糙。

2. 防治办法

平时保持车漆的清洁，每隔两个月或一个半月做一次还原保护或磨泥机器打水晶蜡的美容项目。

二、龟裂

1. 形成原因

在强烈的阳光照射下，漆膜逐渐受损，油漆会被灼伤，金属漆又能产生一种非常细微的裂纹，会不断地渗透车漆，直至“击穿”整个色漆层。这种现象叫做龟裂，一般发生在金属漆上。龟裂的初期肉眼很难发现。当肉眼能觉察到时已经比较严重，重新喷涂的金属漆有可能产生龟裂，严重的龟裂现象必须重新喷涂油漆。但是有时候由于喷漆的质量问题，车漆中的树脂会因萎缩而产生龟裂。

2. 防治办法

做漆面镀膜或每隔两个月或一个半月做一次还原保护或磨泥机器打水晶蜡的美容项目可以防护。

三、褪色

1. 形成原因

大气层中的油烟和污染物是造成车漆褪色、变色的主要原因，特别是在工业区密集的地区和大城市里。金属漆的褪色是由于污染尘埃，雨水中的酸、碱物对金属漆中铝铂的腐蚀所引起的。纯色漆则是由于漆中的颜料上污染物发生化学反应而导致颜色上的改变，严重时还会出现蚀痕。勤洗车可以减轻褪色病。

2. 防治办法

做漆面镀膜或每隔两个月或一个半月做一次还原保护或磨泥机器打水晶蜡的美容项目可以防护。严重的褪色病只有重新喷漆才能从根本上治理。

四、水痕（斑纹）

1. 形成原因

几乎各种车漆都会有“水痕病”。水痕纹呈环状，是水滴蒸发后水滴外沿仍然可见，且无法用抹布擦拭掉。水痕中的化学物质在车体升温时（阳光下）会继续与车漆发生化学反应，加重病情。被氧化的车漆，常用洗涤剂清洗的车漆以及有龟裂的车漆表面更容易染上水痕病。这些车漆本身很脆弱，连一般性的水滴蒸发也会造成水痕纹。漆面光滑且经常保养的车漆，如果水珠中的酸、碱性物质含量不高，不会很快引发病症。

2. 防治办法

水痕纹轻微时，可用还原保护进行修复。严重的水痕纹则需抛光或镀膜。

五、蚀痕

1. 形成原因

蚀痕是“面状磨蚀”。鸟粪、昆虫、树叶、焦油、沥青都有可能引起蚀痕，如果这些物质在车体表面逗留时间过长，就会与车漆产生化学反应，开始渗透。它们的渗透度比水痕要快得多。防治办法：蚀痕一般只能通过喷漆来治理，只有很轻微的可以用研磨来解决。

2. 防治办法

最有效的预防措施是对车漆进行镀膜，并注意经常清洗和保养漆面。

六、划痕

1. 形成原因

汽车在高速行驶过程中，风沙颗粒、树枝等打在车身漆面上会造成细小的划痕，洗车时因抹动而沾有细小砂粒也能擦伤漆面，漆面的划痕如不及时修复，不但影响美观同时还会影响车漆的保护性功效。

2. 防治办法

抛光最佳解决方法就是镀膜。

七、桔皮

1. 形成原因

喷涂黏度太高；稀释剂干燥速度太快；喷涂压力太高或太低；喷嘴尺寸太大；涂料温度太低；防走珠水过多。这些都可使漆面粗糙，类似桔皮的漆面。

2. 防治办法

轻微的桔皮可通过用抛光进行处理，若情况严重，须打磨表面并重新喷涂。

（六）深度研磨

深度研磨主要适合于划痕修复。

1. 局部深度研磨

普通研磨无法去除的划痕、腐蚀点、龟裂等，可选用水砂纸研磨，方法如下：

(1) 检查缺陷状况，优先选用 2000W，如果效果不明显，再按由重到轻选用 1200W、600W、320W。

(2) 用水浸泡水砂纸 10min。将 A2516 轻柔洗车香波按 1:20 稀释装入喷壶。

(3) 用干毛巾将作用部位擦干净，用水砂纸在作用部位沿划痕方向小面积直线移动 8 次，用力均匀。同时喷洗车香波，以起润滑作用。

(4) 注意不要干磨，时间不要过长，随时检查漆面厚度。

(5) 检查作用部位是否有明显变化，若变化不明显，重复 (3)、(4)，直至去除缺陷。

2. 干研磨

普通研磨过程中喷水，干研磨在研磨过程中不喷水，而是向研磨盘喷少量漆面检查液，能起到润滑、降温、滋润漆面的作用，效果比普通研磨好。

3. 羊毛盘研磨

漆面缺陷较多的情况下，可选用 W4000/W4006 羊毛研磨盘代替 W7000/W7006 海绵研磨盘，操作方法相同。羊毛盘切割力较大，去除缺陷容易。但要注意操作力度和散热、避免伤漆。

（七）研磨标准

(1) 打磨施工完成后，漆面处于完全失光状态，实体倒影无法呈现。亮度测试仪测试显示数值 20 以下。

(2) 打磨部位在哑光状态下。一方面桔皮、脏点流泪残留，另一方面无磨漏（出现底漆或者重度的二次划伤）现象。

(3) 油花点的清除要根据深入漆面的深度来判断是否清除。由于车型的不同，漆面厚度有所不同，一般情况下，油花点深度存在于清漆层范围内，基本上可以清除，超出此范围，深入到色漆或底漆便很难清除，对油花点深度的判断是需要在长期实践中不断总结经验得到的。

四、抛光

抛光是研磨之后的一道工序，和研磨的作用不同。研磨是把漆面打平，除去条纹、氧化层等深层污染；抛光是研磨后进一步平整漆面，除去研磨残余条纹，抛光剂中的滋润成分深入漆面，使漆面展现柔和的自身光泽。抛光剂也可以单独使用去除轻微氧化和污垢。

（一）抛光手法

常用抛光手法，具体如下表所示。

抛光手法

序号	方法	具体操作	适用情况
1	轻抛	机器快送慢拉过程中，均轻微用力，以免损伤车漆	一般在抛前后杠、门条、门框等塑料物件时
2	慢抛	机器在回拉过程中，施力均匀，速度相对缓慢，便于进一步的处理划痕或达到一步晶亮的目的	一般在做车况较差，现场演示时
3	平抛	机器在抛光过程中，兔毛球与漆面成完全吻合状态，防止机器在高速转动时，因受力点不均而损伤车漆	平面和镜面砂光，侧面没有弧度的情况
4	点抛	根据漆面不同的部位，而适当降低机器转速的一种抛法	用于抛漆面的边、棱、筋、角处及车标、门把手等危险复杂的地方
5	翘抛	为了增强切削力，使机器的一端边缘翘起，提高抛光速度	一般针对于原车漆或漆面落有杂物时

（二）抛光顺序

抛光顺序，具体如下图所示。

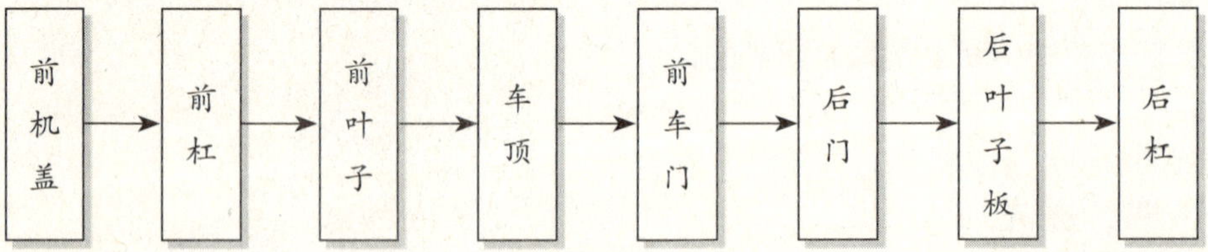

抛光顺序

1．前机盖

左右站立，一边一人。从 1 区右边缘往左 20cm 处开始抛，实行 2/3 重叠抛法，按 1234 的顺序先横后竖抛光，直至达到施工标准。抛光时下身直立，上身稍微前倾，身体与车身保持合适距离，不能接触车身，手握住抛光机手柄的尾端 1/3 处。

2．前杠

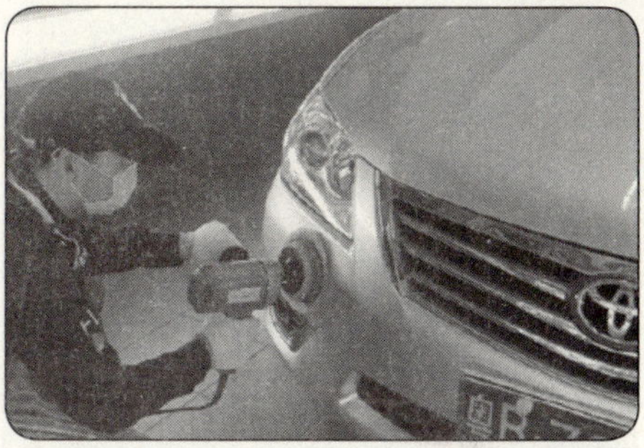

按照保险杠的弧度调整抛光机的倾斜度，先抛立面，再抛倾斜面，最后抛边角。由于前杠的材质是塑料，抛光时应以轻抛、点抛为主，以免抛漏。抛前杠时的姿势为下身半蹲。

3．前叶子

先横抛上边部分，后横竖交替抛立面，先上后下，直至达到施工标准。抛前叶子板时先站立后半蹲。

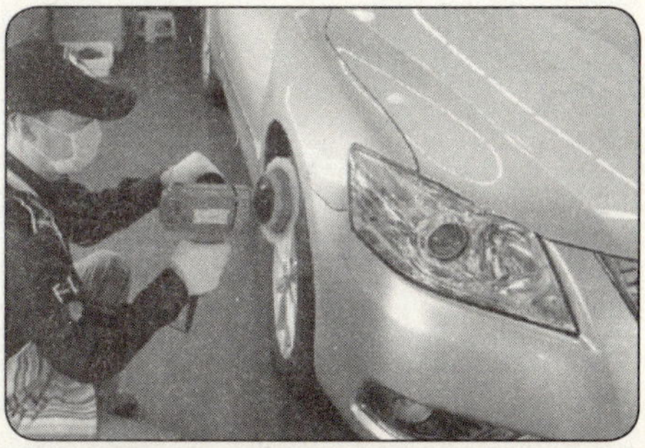

4．车顶

站在专用增高架（增高架要求外部有保护措施，长度 2m，高度 1m，防止蹭掉车漆上），禁止打开车门，从前往后平抛。无特殊要求，不抛天窗玻璃。

5. 前车门

按如下四图的顺序从上往下，先轻抛 A 柱，平抛车门，脚踏板往下半蹲点抛。姿势同叶子板。

（1）窗框和 A 柱。

（2）门把手与防撞条之间。

（3）防擦条与脚踏板之间。

（4）脚踏板以下。

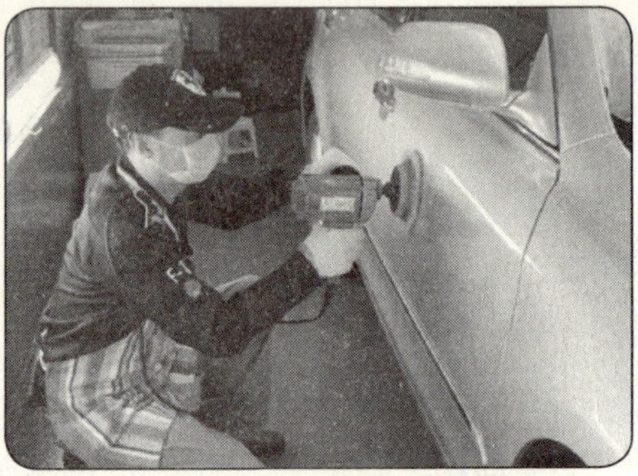

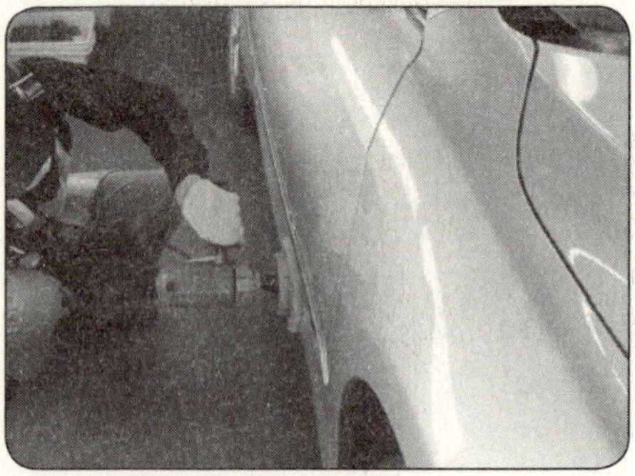

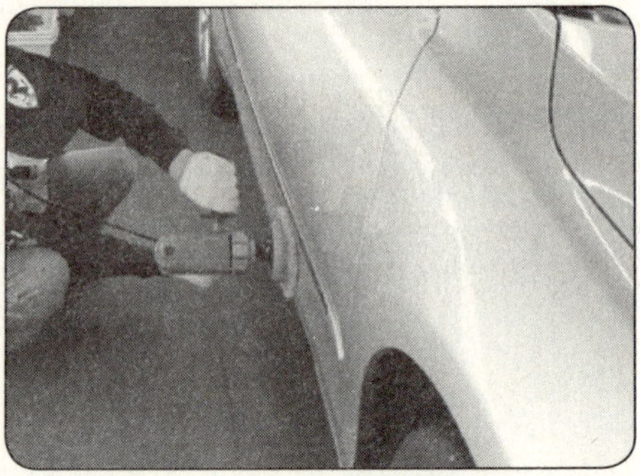

6. 抛后门

与抛前门相同。

7. 抛后叶子板

同前盖，注意字标及牌照架，防止转速过高抛坏。

8. 抛后盖

同前门。

9. 抛后杠

同前杠。注意避开倒车雷达探头。

（三）抛光验收标准

（1）亮度。抛光后亮度计数在 80 度以上，呈实体倒影，清晰度在 75% 以上。

（2）漆面。车身表面无污垢（研磨剂、油渍、沥青）存留（水珠、泥污、固化研磨剂）检验是否有漏抛（漆面光泽暗淡、划痕较多）或抛漏（出现底漆的地方）。

（3）抛光后对于中深度划痕来讲，若不进行打磨处理的情况下，仍然会在车身表面，只不过表面效果会改善后有 20% 左右；若进行水磨处理后，中度划痕会消失原有程度的 85% 以后，深度划痕仍无法消失，只有进行烤漆处理。

（四）抛光用时、用量

在整个抛光过程中，单车抛光研磨剂的用量不超过一瓶，约 250ml。比较熟练的汽车美容师，一般在 2.5 ~ 3h 完成。

五、除眩光

由于在研磨抛光过程中，研磨剂使用太多和抛光时兔毛球所抛得轨迹不同而出现的漆面眩光现象，所以在封釉镀膜之前要除眩光。

1. 施工流程

除眩光的施工顺序和动作要领可参照抛光施工规范标准。

2. 技术标准

采用低速抛光机（1500 ~ 2000r/min）配合少量低温研磨剂（整车施工量为 30 ~ 50ml），操作时面积不宜过大，一般约横纵 30cm 的面积，一下压一下，横竖交替轻微用力，使旋光轨迹追赶到车身边缘部位。除眩光后，车漆表面无任何光圈，无任何轻微划痕。

六、封釉

（一）第一遍封釉

将产品充分摇均匀，直接将产品倒在车身上，常温工作，不要在阳光直射下，车身（发动机罩）降温后最佳。用干净的软布，轻快而有力地“画圈”，直到镜靓釉消失并出现光泽。（手压力越大，去污渍力越强，油漆面氧化层去得越清，漆面就越光泽，附着力越强。）这一步可选择封釉机上釉，效果最佳。

注意：不要在阳光下操作。最后要达到标准为缺少视觉上的深层次的倒影和看上去也没有一层薄薄的膜的感觉，只有手感上有极度光滑的感觉。

（二）第二遍封釉

重复第一遍，10 ~ 20min 干燥后，将其擦掉，镜靓釉效果立即呈现。达到视觉上有深层次的倒影和看上去有一层薄薄的膜的感觉，手感极度光滑。

特别提示：

施工时的温度、相对湿度、雨水天相当讲究，其相对湿度大于90%，免施工，因镜靓釉难以干燥及难于渗透，效果较差；温度过高也不宜工作，一定要全车降低温度后施工，若不是，未渗透前已固化成“釉”。

（三）封釉的顺序

前盖

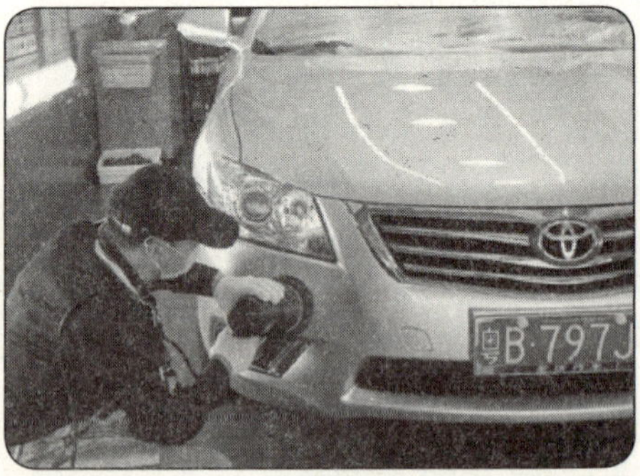

前杠

前叶子板

车顶

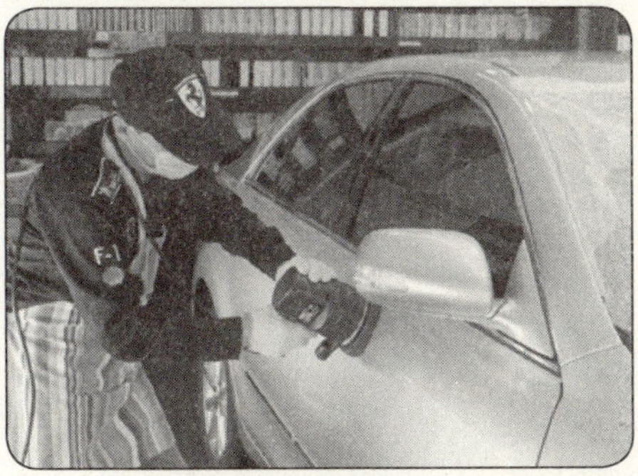

前门

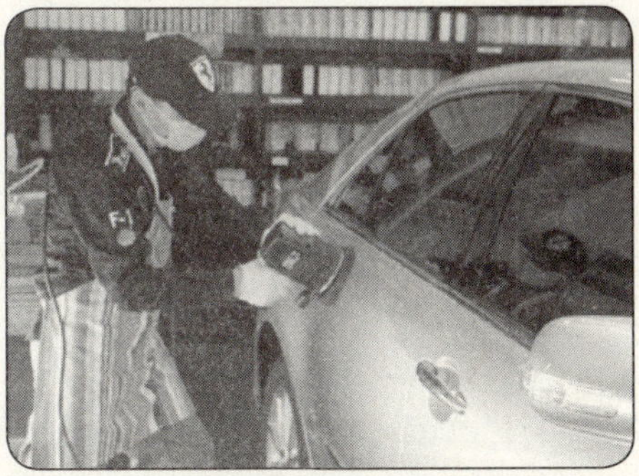

后门

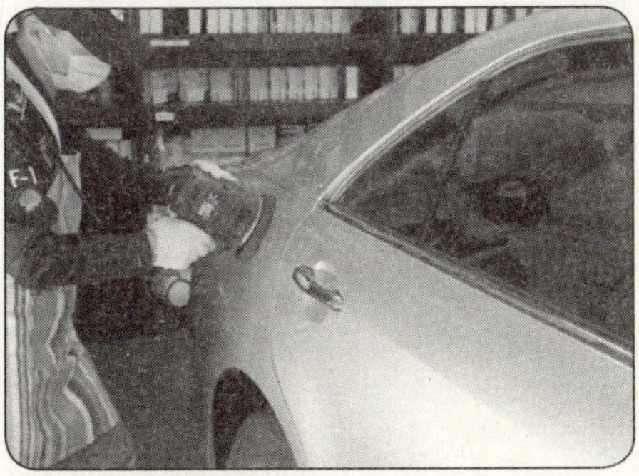

后叶子板

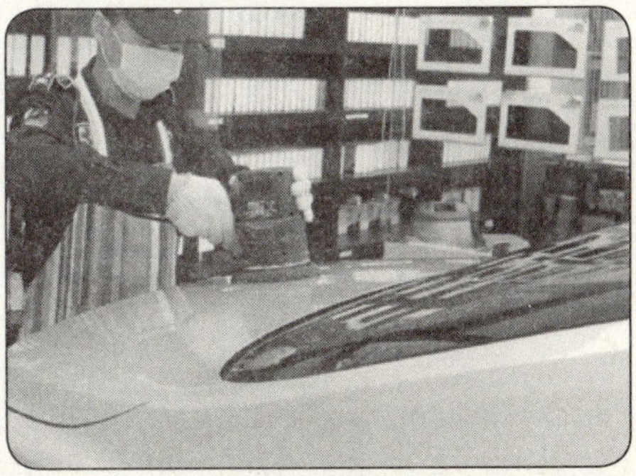

后盖及后杠

七、镀膜

（一）操作要点

(1) 右手拿枪，右肩背线，左手辅助背线动作，紧拿气管线，以免滑落。

(2) 针对三大平面，可双脚站立，移动手腕轻微挥动手臂，一下压住一下，依次喷涂，对于竖面的部件，可选用半蹲或轻微弯曲前身来依次喷涂。

（二）镀膜标准

（1）往喷枪内倒少许产品，调试喷枪的气压、流量、喷枪扇面。

（2）调枪完毕后，把产品倒入喷枪中，一般一辆车为60ml左右。

（3）喷涂完毕整体部件可达到均匀状态，一般不再采取涂匀步骤。

（三）镀膜顺序

镀膜顺序与封釉是相同的。

八、除静电

（一）除静电方法

在封釉或镀膜之后进行除静电。因为车子在与空气摩擦的过程中会产生静电，车子上有静电就会产生灰尘，对封釉镀膜的效果产生影响，所以必须除静电，在封釉镀膜擦拭完成后做。

先把除静电产品摇匀，拧上产品包装内所附带的专用喷头，然后进行喷涂，喷涂过程中要注意适量不宜过多，喷涂后用专用海绵进行涂抹最后用专用毛巾擦净全车。

（二）注意事项

冬天可以一人操作，夏天最好两人操作，因为温度较高产品很容易蒸发。所以一人打产品一人用毛巾擦净最好。

九、终检

（一）终检程序

终检程序为班组施工人员初检→班组长复检→质检员审查→部门经理（助理）点检。

（二）注意事项

（1）终检完成后确保检验无误，保证施工过程无损伤车漆，施工完成后无大量客户投诉案件的发生。

（2）终检过程中要注意关键部位的点检工作，确保点检部位无客户投诉。

（3）负责参与终检的人员应当各负其责，认真仔细，严禁相互推诿，不负其责。

十、交车

交车步骤为：

（1）班组长将车放于指定交车地点，为保证车辆安全可增添方向盘锁，确保车门、车窗、前后盖关闭后，安全上锁，罩上车衣。

（2）班组长将钥匙交予前台或部门经理处。

（3）由部门经理或助理负责开出门证与客户完成交车事宜。

十一、清理现场

清理现场标准为：

（1）车辆驶出车间应及时拖地，保持地面湿润。

（2）施工工具按指定位置摆放整齐。

（3）地面无胶带、纸屑、残留物等。

（4）保持良好的环境，迎接下一辆施工车辆。

世界名车车标 15：雷诺　Renault SA

国家：法国

车标解析：1898 年，路易斯·雷诺三兄弟在法国比仰古创建雷诺汽车公司。它是世界上最悠久的汽车公司之一。主要产品有雷诺牌轿车、公务用车和运动车等。雷诺车标是四个菱形拼成的图案，象征雷诺三兄弟与汽车工业融为一体，表示“雷诺”能在无限的（四维）空间中竞争、生存、发展。

第四节　划痕修复

一、划痕类别

根据漆面划伤的不同程度可分为发丝划痕、浅度划痕、中度划痕、深度划痕。

（1）发丝划痕一般是不正确的洗车、擦车或轻微摩擦而产生的细划痕，一般手摸无感觉。

（2）浅度划痕是面漆被破坏，没有露出底漆的划痕为浅度划痕。

（3）面漆被破坏，露出了底漆的划痕为中度划痕。

（4）深度划痕则是露出了汽车铁板的划痕。

二、基本工具与用品

各种级别水砂纸、研磨、抛光机、W7000级的海绵（羊毛）抛光盘、喷壶、纯棉毛巾。轻度研磨剂、中度研磨剂、重度研磨剂。

三、浅度划痕处理

对表层漆面轻微刮伤的车身，经检查未刮透面漆层，可以采用的处理程序如下图所示。

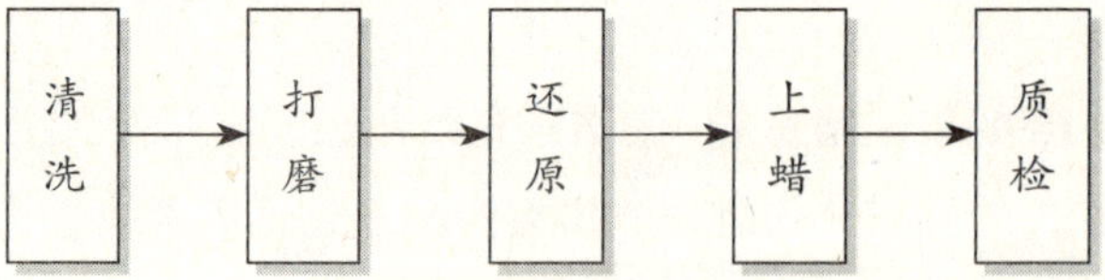

浅度划痕处理步骤

（一）清洗

首先要将漆面表层的上光蜡薄膜层、油膜及其他异物除掉，方法是采用脱蜡清洗剂对刮伤部位进行清洗，然后晾干。

（二）打磨

根据划痕的大小和深度，选用适当的打磨材料，如 1500 号磨石，9um 的磨片或美容泥对刮伤的表面层进行打磨。打磨一般采用人工作业，也可以用研磨／抛光机或打磨机进行打磨抛光。打时要注意不能磨穿漆面层，如漆面层被磨穿，透出中涂漆层，必须喷涂漆面进行补救。

（三）还原

经打磨抛光的漆面已基本清除浅度划痕，对打磨抛光作业中残留的一些发丝划痕、旋印等，可通过漆面还原进行处理。用一小块无纺布将还原剂均匀涂抹于漆面，然后抛光至漆面层与原来的涂层颜色完全一致为止。

（四）上蜡

漆面还原后还应进行上蜡处理。先将固体抛光蜡捣碎放入汽油中热溶后备用，修补部位用洁净的棉纱先蘸汽油润温，再蘸蜡涂满后进行擦拭，要反复多次擦拭至漆面平整光亮为止。

在上蜡时，也可将汽车整个表面同时打蜡抛光一遍。用洁净的棉纱将蜡质全部擦净后，再涂上光蜡，至漆面清晰光泽醒目为准。最后用绒布均匀擦拭一遍即可。

（五）质检

上述工序完成后，对修补表面外观质量要进行检查，检查的重点是涂层的色泽必须与原漆面完全一样，若有差异说明表面清理和打蜡抛光没有完全按照要求操作，必要时应进行返工。

四、中度划痕处理

当色漆层已被刮透，但未伤及底层涂漆，可以采用的处理程序如下页图所示。

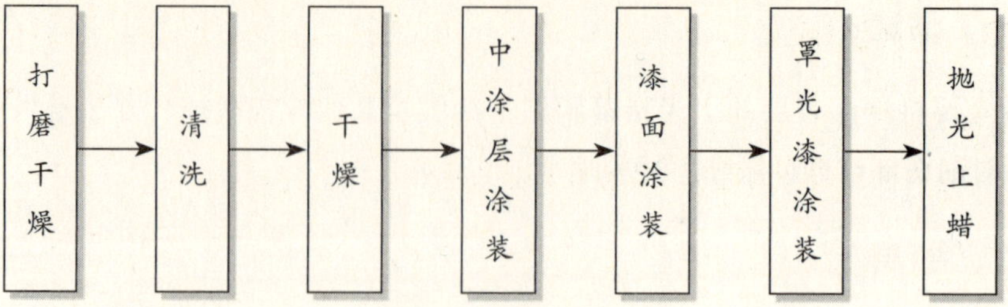

中度划痕处理步骤

（一）打磨

（1）检查底层涂漆是否附着完好。

（2）对中涂层及面漆层的刮伤部分进行打磨，使之平整、光滑。

（3）对损伤部位的边缘进行修整，使其边缘不见刮伤的涂层为止，必要时可适当扩大打磨面积。

（二）清洗、干燥

（1）用专用清洗剂去除打磨表面的油污、石蜡及其他异物。

（2）用烘干设备使清洗表面干燥。

（三）中涂层涂装

（1）确定施工工艺参数。根据不同的涂料确定施工黏度、雾化压力、涂装距离、干燥温度、干燥时间等参数。

（2）遮盖。对不喷涂的部位进行遮盖。

（3）中涂层漆干燥。若修补面积不大，可采用室温自然干燥，但时间较长；一般常用远红外线干燥灯或远红外干燥箱（反射式）进行局部干燥。

（4）中涂层漆面打磨清洁。中涂层漆面干燥后，用 320 号砂纸对补涂的漆面进行轻轻打磨，使之光滑平整，用手触摸无粗糙感觉为准。打磨方法有干式打磨和湿式打磨两种。干打磨时，用压缩空气吹净打磨部位，再用清洁的黏性抹布把浮灰等彻底擦净；湿打磨时，用 320 号的水磨砂纸对修补的中涂层进行表面打磨，同样打磨到用手触摸无粗糙感为止，并用水冲洗干净，将水擦净、晾干或用压缩空气吹干，最好还是用远红外线灯箱烘干。

（四）漆面涂装

1. 第一道漆面

第一道漆面涂装的步骤，具体如下图所示。

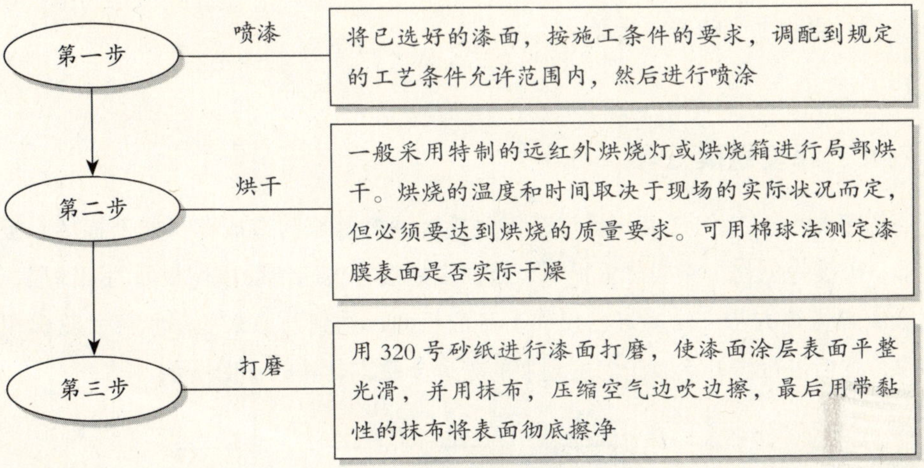

第一道漆面涂装步骤

2. 第二道面漆

（1）喷漆、烘干与第一次相同。

（2）打磨，此次面漆打磨是直接影响到涂层表面质量的最后打磨工序，应特别注意打磨质量。采用 500 ~ 600 号砂纸轻轻湿打磨，消除涂膜缺陷，然后再进行烘干。

（五）罩光漆涂装

第二道面漆喷涂打磨干燥后，应再喷涂一层氨基罩光漆

（1）以罩光漆 KH-24 为例，采用专用稀释剂 KH-24；稀释率 14% ~ 16%；稀黏度 24 ~ 25s；施工固体分质量分数 46%；稳定性静置 48h。

（2）喷涂次数 5 ~ 6 次，目标厚度 35 ~ 40um。每次之间流平 3 ~ 5min；最后一次流平时间 7 ~ 10min。

（3）干燥温度 140℃，干燥时间 30min。若在干燥室内采用保持式干燥时间为 20min。若是局部小范围的干燥，采用远红外线加热器进行烘烧，时间以实际干透

为此。

（六）抛光上蜡

抛光上蜡的操作方法是：

（1）先用棉布、呢绒、海绵等浸润抛光剂，进行抛光，然后擦净。

（2）再涂上光蜡并抛光泽。

五、深度划痕处理

深度划痕包括伤划痕，是汽车因碰撞、刮擦等原因造成车身局部损坏、板面变形、破裂等创伤，涂层严重损坏。对深度划痕首先应清除损伤板面的旧漆层，用钣金或焊装等方法，修复好已损伤车身的板面，达到与原来的形状尺寸轮廓相等要求，然后进行修补涂装。深度划痕的处理步骤，具体如下图所示。

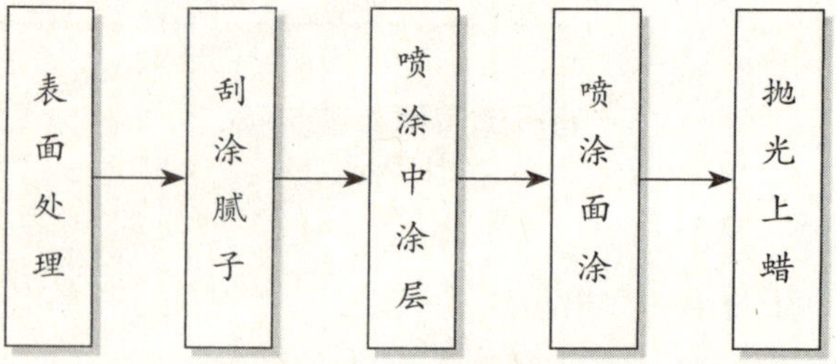

中度划痕处理步骤

（一）表面处理

（1）用铲刀、钢丝刷等清除表面涂层、铁锈、焊渣，焊口较大处用砂轮打磨平整，用 1.5 ~ 2.5 号砂布打磨，清除底层表面锈蚀和杂物。

（2）用溶剂将划痕处洗净，晾干。

（3）涂上一层薄薄的底漆。

（4）在底漆面上涂一层防锈漆。

（二）刮涂腻子

（1）将速干原子灰覆盖在金属层上。

(2) 原子灰干燥后，用 400 号干砂纸将原子灰打平。

(3) 用脱蜡清洗剂将划痕处擦净。

（三）喷涂中涂层

(1) 将不喷漆的地方用专用胶纸遮盖。

(2) 先用喷枪轻轻地喷上两道底漆，然后再喷第二层较厚的底漆，并使其干燥。

(3) 用 600 号砂纸将底漆磨平。

(4) 如果划痕处仍低于漆面，可再喷涂 3 ～ 5 层底漆，并重复清洁步骤。

(5) 用 1500 ～ 2000 号砂纸将周围部分打平，再用溶剂擦净。

（四）喷涂面涂

喷涂面涂的操作步骤，具体如下表所示。

喷涂面涂

序号	步骤	具体操作	注意事项
1	喷漆	（1）选用与原车色漆配套的面漆，按原车颜色调配，并调至符合施工要求的黏度，经过滤后再进行喷涂施工 （2）每喷涂一遍之后，应有涂膜需要的流平时间，然后再一遍一遍地进行喷涂，使第一次面漆涂层达到 30 ～ 40um 厚度	涂料在涂覆后应有足够的流平和晾干的时间，常温干燥一般 2h 以上
2	温磨	（1）用 280 ～ 320 号水磨砂纸在喷涂四层的涂膜基础上将涂膜打磨平整光滑 （2）用抹布、压缩空气边吹边擦洁净，并使之表面干燥，可加热干燥，也可自然晾干	自然晾干时，时间较长，注意防止粉尘污染涂膜表面
3	罩光	（1）在原有面漆内，加清漆 20% 以下，再适当加入稀释剂混合使用，以增加光洁度 （2）稀释剂黏度以 15s/250c 为宜	经过滤后再喷涂，喷后流平性要好，以便第二天易于抛光打蜡，总厚度为 80 ～ 110um

（五）抛光上蜡

（1）将喷涂完并干燥后的车身，拆除遮盖物。

（2）用 400 ~ 500 号水磨砂纸带水将车身表面满磨至涂膜表面光滑平整为止。打磨长度来回在 100mm 以内。

（3）用抛光剂打磨。先用抹布将涂层表面擦净。用呢绒、海绵等浸润抛光剂进行抛光。

（4）抛光之后再上光蜡抛出光泽，使其表面光亮如新。

世界名车车标 16：保时捷　PORSCHE

国家：德国

车标解析：保时捷的英文车标采用德国保时捷公司创始人费迪南德·保时捷的姓氏。图形车标采用公司所在地斯图加特市的盾形市徽。“PORSCHE”字样在商标的最上方，表明该商标为保时捷设计公司所拥有；商标中的“STUTTCART”字样在马的上方，说明公司总部在斯图加特市；商标中间是一匹骏马，表示斯图加特这个地方盛产一种名贵种马；商标的左上方和右下方是鹿角的图案。

第五节　汽车玻璃美容护理

一、玻璃种类

玻璃的组成已不再只是采光材料，更是一种装饰材料。玻璃主要分为以下三种。

（一）平板玻璃

平板玻璃是指未经其他加工的平板状玻璃制品，也称白片玻璃或净片玻璃。

（二）安全玻璃

安全玻璃主要有钢化玻璃、夹层玻璃、钛化玻璃、夹丝玻璃四种，具体如下表所示。

安全玻璃

序号	类别	说明	备注
1	钢化玻璃	钢化玻璃又称强化玻璃	
2	夹层玻璃	夹层玻璃是在两片或多片玻璃原片之间，用 PVB（聚乙烯醇丁醛）树脂胶片，经过加热、加压黏合而成的平面或曲面的复合玻璃制品	
3	钛化玻璃	钛化玻璃也称永不碎铁甲箔膜玻璃，是将钛金箔膜紧贴在任意一种玻璃基材之上，使之结合成一体的新型玻璃	
4	夹丝玻璃	夹丝玻璃也称防碎玻璃或钢丝玻璃	

（三）环保玻璃

1. 吸热玻璃

吸热玻璃是能吸收大量红外线和一定量紫外线的辐射能，并保持较高可见光透过率，还起到防眩作用的平板玻璃。

2. 热反射玻璃

热反射玻璃是有较高的热反射能力而又保持良好透光性的平板玻璃，镀金属膜的热反射玻璃还有单向透像的作用，即在室内能看到室外景物，而室外看不到室内的景象。

二、汽车玻璃

（一）汽车玻璃使用标准

国家标准规定：前挡风玻璃必须要使用 A 类夹层玻璃、B 类夹层玻璃或区域钢化玻璃，在认证标志中的代号分别是 LA、LB、Z。

认证标志：采用丝网印刷、喷砂等工艺永久标志在玻璃的下边角位置。

钢化玻璃的代号：T，只能用于除前挡风玻璃以外的位置。

（二）前挡风玻璃

汽车前挡风玻璃已经采用单件式弯曲挡风玻璃，因为它涉及车型、强度、隔热、装配等诸多问题。汽车挡风玻璃采用曲面玻璃，首先是出于空气动力学角度的考虑。另外，曲面玻璃具有较高的强度，可以采用较薄的玻璃，对汽车轻量化有一定的意义。

现代汽车的曲面挡风玻璃要做到弯曲拐角处的平整度高，不能出现光学上的畸变，从驾驶座上的任何角度观看外面的物体均不变形、不眩目。

特别提示：

现在汽车上的玻璃都采用陶瓷釉，阻挡从玻璃窗观察附属设施，并保护在阳光下曝晒可能引起老化的黏接剂，即所谓“黑边框”。

三、汽车玻璃清洁装置

（一）前挡风玻璃

前挡风玻璃的清洁装置主要由喷水装置和刮水装置组成，还要包括仪表板上对着玻璃的空调吹风口，主要是用来给车窗除雾的。

1. 喷水装置

喷水装置由玻璃清洗液储液壶、水泵、喷水嘴、输水管和控制开关组成。

2. 刮水装置

刮水装置由电机、减速器、连杆机构、雨刮器和控制开关组成。电动刮水器可以保持汽车在雨天、雪天行驶时驾驶员有良好的视线，确保行车安全。

（二）风窗玻璃洗涤器

风窗玻璃洗涤器由洗涤液泵、洗涤液缸、洗涤液喷嘴、三通接头、连接软管等组成。挡风窗玻璃需要洗涤时，应首先启动洗涤液泵，使洗涤液从喷嘴到刮水器的刮水片上，浸软尘土和污物后，才能开启刮水器，把玻璃上的尘土、污物及洗涤液一起刮干净。

（三）后风窗加热除霜装置

（1）后风窗加热除霜装置由加热线和控制开关组成。当天气变冷以后，尤其是北方地区到了秋季以后，汽车驾驶室内外的温差会很大，导致玻璃内表面容易产生雾气，妨碍驾驶员视线，严重影响行车安全。

（2）前挡风玻璃除雾的是仪表板上对着玻璃的空调出风口，打开暖风将玻璃加热，雾气和霜就会消失了。

（3）后风窗有单独的加热线，它是镍铬合金材料制成除雾线，当打开开关时，玻璃会慢慢加热，使水珠蒸发，不影响后视视线。

四、玻璃保养

（一）清洁保养

1. 玻璃清洁剂

玻璃清洁剂可以使用在玻璃表面以及镀铬件的表面，迅速清洁其上的污渍。

2. 玻璃清洁保养

清洁玻璃时要将玻璃清洁剂摇匀，然后均匀地喷涂到玻璃上，过 5min 左右用柔软的毛巾擦干即可。

（二）玻璃防雾

1. 玻璃防雾剂

玻璃防雾剂能防止和减少玻璃内表面上形成的雾气，还能防止玻璃上污垢的形成，保持玻璃清洁明亮。

2. 防雾保养

进行玻璃防雾处理时，先将玻璃除雾剂摇匀，然后均匀地喷涂到玻璃内表面上，用柔软的毛巾擦干即可。

五、汽车玻璃修复

在裂缝中填补液态胶质，消除缝隙。填补缝隙所用的材料是一种透明度很高的液态胶质，靠紫外线加热可迅速凝固，强度可达到原玻璃的90%以上。

（一）操作步骤

汽车玻璃修复操作步骤如下：

（1）将玻璃清洁干净。

（2）在玻璃的损害部位贴上透明胶条，由于裂纹中有空气，贴上胶条后，可以防止跑气。

（3）用锥子锥玻璃的裂纹处，方便钻头进入。

（4）用电钻深入裂纹处，方便真空泵抽尽裂纹中的空气。

（5）将玻璃清洁剂滴在固定支架的吸盘上，使其附着在玻璃上，旋紧螺丝牢牢地固定在玻璃上。

（6）取出真空泵，再将树脂滴入真空泵内，把真空泵头安装好，将真空泵对准钻孔处，将其固定。

（7）拉动真空泵的手柄，将裂纹中的空气抽出。拧动旋钮，将手柄固定，然后观察抽空气的情况。

（8）空气抽出后，再推动手柄，将真空泵内的树脂推进入裂纹处，使其渗入与玻璃黏合。

（9）如果树脂没有完全渗入，说明裂纹中还有空气，那么还要拉动手柄，把裂纹中的空气抽干净，再次推动手柄，将树脂完全推入裂纹中，再用烘干机对裂纹处进行烘烤。

(10) 用刀片取下固定支架，将透明薄膜附着在胶条上，以防止树脂外溢，再把固定支架固定在玻璃上，用紫外灯对裂纹处进行烘烤，使裂纹中的树脂充分黏合玻璃的裂纹，在用干净的毛巾附着在紫外灯上，保护眼睛不受到伤害。

(11) 烘烤 3 ~ 5min 后，取下毛巾，关闭紫外灯并卸下，同时取下透明薄膜，用刀片将透明胶条刮下。

(12) 用毛巾进行清洁，用手触摸修复的地方，如果仍有凹凸不平的感觉，先用刀片轻刮玻璃，再用玻璃打磨，直至玻璃平滑为止。

(13) 用干净的毛巾再次进行清洁。

特别提示：

修补不是任何破损都可以做的，一旦玻璃已经断裂分离，或是破成碎片，都是不可修复的。若是裂痕太大，修补费用也许会与换块新玻璃不相上下，何况还会留下疤痕。

（二）注意事项

修复玻璃应注意下列事项：

(1) 修复玻璃要清洁干净，否则会影响玻璃的修复。

(2) 树脂使用要适量，太少不利于裂纹的黏合，太多则容易外溢，造成浪费。

(3) 用完真空泵要及时清洁，防止树脂残留在真空泵内。

(4) 用刀片刮拭时。力量要尽力均衡，防止刮伤玻璃。

(5) 用砂纸打磨时，不应太用力，避免损伤玻璃，玻璃修复完成后。

(6) 要把工具收拾好，妥善保管。

世界名车车标 17：欧宝　OPEL

国家：德国

车标解析：“圆圈闪电”，即意味着欧宝汽车的力量和速度是无与伦比的，欧宝公司永远充满着生机与活力。德国欧宝公司是美国通用汽车公司的子公司，是通用公司在欧洲的一个窗口。它由亚当·欧宝所创立，至今已有百多年历史。

第六节　汽车养护服务项目

一、换机油 / 机油格

机油格通常称为机油滤清器，它随着车型和发动机型号的不同而不同，有些车辆甚至有不止一个机油滤清器。通常针对轿车来讲，它的机油滤清器多数是消耗品，只可以使用一次。它的功能是过滤和储存发动机机油中的水分、杂质和发动机磨损的金属碎屑等杂物。通常，在规定车辆行驶里程或发动机工作小时达到后，更换机油格的时候最好更换新的机油以免旧机油格中的杂质将新机油污染。

（一）换机油、机油格要求

（1）整个操作过程控制在 30min 内。

（2）完工后，车内车体无油污，车间地面无油污。

（3）油底壳螺丝，机油格无漏油现象。

（4）汽车美容师要熟悉各种车型油底壳螺丝以及机油格的大小尺寸，能一步到位找出所需工具。

（二）准备工作

（1）放机油前先确认是冷车还是热车。冷车和热车是有区别的。如果是冷车换机油，应让车运行一下，使油底壳内的油泥、铁屑等杂物漂浮起来，确保放机油时可以把杂物一并排放出，不会在发动机内堆积；而热车就不用，可以直接排放。

（2）将汽车停到保养作业区，对汽车润滑系统进行检查或设备检测，并提出保养建议，形成保养派工单，根据派工单将所需的产品、设备、工具等准备好，放到工具车上，戴上操作手套将工具车推到操作位置。

（3）将车辆指挥到举升机合适位置停好，找到车辆举升点，调整举升臂至合适长度，整个过程要迅速准确。

（三）操作步骤与要点

换机油、机油格的操作步骤，具体如下表所示。

操作步骤及要求

序号	步骤	操作要求	注意事项
1	打开	（1）打开机头盖，在两侧翼子板上铺好防护垫，驾驶位套上防护坐套，驾驶位地板处铺好报纸 （2）拧开注油口盖，将之放在工具车上	
2	清洗	如需要清洗，根据客户选择将相应清洗剂从注油口添加进发动机内，盖好注油口，点火运行相应时间（根据清洗剂性质不同，清洗时间不同）	只能怠速运行，不得加油门
3	放机油	（1）清洗完毕后，打开注油口，拔出油尺，将油尺放在工具车上，用专用抽吸工具从油尺孔将旧油抽出 （2）当吸油管中出现气泡时，关闭抽油机，收起吸油管 （3）检查确定举升点位置准确后，将车辆举起到适当高度 （4）将抽油机推到油底壳下面，调整盛油盘至合适高度 （5）用合适的套筒或梅花扳手拧开放油螺丝，将余下的旧油放到盛油盘内 （6）用风枪从注油口和油尺孔两个位置分别将残余旧油吹出	当风枪从一个地方吹时，要将另一个孔用毛巾堵住；同时要注意盛油盘的高度，以防旧油从油底壳飞溅到地面和车体）或不经过抽油步骤，直接将车辆举升，按操作规范从油底壳放油
4	拆机油格	（1）旋紧放油螺丝 （2）将盛油盘移到机油格下，用专用工具将旧机油格拆下	尽量不要将油污溅到发动机和车间地面
5	装新机油格	取出新机油格，蘸少许新机油将新机油格密封胶圈润滑一遍，然后将新机油格装好	安装时先用手将机油格拧紧，然后用工具紧固 1/2 圈即可
6	移出设备	移出设备，将车下的工具杂物清理干净	

（续表）

序号	步骤	操作要求	注意事项
7	加注新油	放下车辆，从注油口加注新油，并适时用油尺检查机油加注量，至油尺刻度上线为准	注意不要加多
8	装回油尺和机油盖	装回油尺和机油盖，检查发动机周围有无遗漏的工具等物，确保车辆前后无人，启动发动机空挡运行	注意机油指示灯有无异常，缓慢加油，转速不要超过3000r/min
9	检查	（1）检查举升点，升起汽车，检查油底壳螺丝，机油格有无漏油现象 （2）确定无误后，放下举升机，熄火，待机油流回油底壳后，再次检查油面，不够时要补加	
10	后续工作	（1）取出风格，用风枪顺进气方向将风格吹干净。如有必要，建议客户更换新风格 （2）用毛巾和风枪将发动机表面浮尘擦干净 （3）将养护标签填写清楚，贴于发动机室醒目处（或门边） （4）取下翼子板两侧护垫，再次检查发动机表面有无遗漏物品，确定无误后盖好机头盖 （5）取出驾驶室内护套和报纸，用干净毛巾将方向盘、波棍杆、门皮以及仪表擦干净 （6）清理工具和场地卫生	
12	检查交车	发动机怠速运转3～5min后熄火检查机油尺，视情况补充机油至正常位置。重新启动发动机检查有无渗漏，观察机油灯或压力表有无异常，检查无误后交车	

特别提示：

在更换机油的过程中，检查机油的黏度可以发现发动机的工作状态，如果机油变稀了或变稠了，可以看得出很多问题。变稀了说明有燃油混入机油，变稠了说明机油胶化、积炭。还有就是变颜色，如果机油变奶白色带泡沫，说明机油混入冷却液。

（四）换机油验收标准

（1）时间不超过 30min。

（2）油底壳螺丝和机油格无漏油现象。

（3）工作车内车体无油污，发动机室无浮尘。

（4）工完场清，车间地面无油污，工具设备摆放归位整齐。

（5）保养标贴填写完备。

二、润滑系统清洗保养

润滑系统是车的重要部分，当行车时，机油便工作在高温、高压状态下，系统中不可避免存在灰尘、金属磨粒等杂质。这样，机油逐渐失去保护能力，颜色变黑。

经常换机油是有益的，但大部分废机油中的漆状物仍留在润滑系统内。新机油加入后，与油泥和漆状物迅速溶合，周而复始，润滑系统将会堵塞（尤其是机油泵的滤网）。机油流动不连贯，导致发动机发生故障，进行高额维修。

为延长发动机使用寿命，改善机体性能，定期清洗发动机润滑系统，清洗掉润滑系统内油泥、漆状物和其他包容物，进而减少新机油的污染。

（一）准备工作

（1）检查机油品质、油面，观察尾气排放有无蓝烟，车辆行驶里程。

（2）咨询客户机油运行里程，系统保养维修情况。

（3）根据检查及咨询情况领取相应材料和工具设备，备好于工具车上。

（二）操作过程

（1）做好车辆准备工作后，打开机头盖，两侧翼子板要铺好防护垫，用防护坐套将座椅套好，并用报纸将脚垫垫好。

（2）加入清洗 20 ~ 30min，必要时先加足机油或更换机油后清洗。清洗时注意观察机油压力灯，若灯亮时需立即闭车，更换机油滤清器后再进行清洗。

（3）清洗后关闭发动机，按换机油操作规范更换机油和机油格，加注新机油。

（4）清洗 PCV 阀。

(5) 整车观察油底壳和机油格是否漏油，根据车况加注保护剂或修复剂。

(6) 产品使用参照润滑系统产品使用说明。

三、燃油系统清洗保养

汽车发动机工作时会在喷油嘴、火花头、气门、汽缸顶部、活塞工作面及活塞环槽等处产生积炭。时间一长，积炭以胶状积沉物出现，就会造成燃烧室容积减少，工作效率变差；燃烧过程中出现许多不均匀的炙热点，引起混合气先期燃烧，造成效率下降，燃烧不完全，废气排放增多；供油、点火不良，出现怠速不稳、缺火、爆震；堵塞活塞环槽，造成缸体润滑不良，进而污染润滑系统，堵塞油路和滤油器等。因此，发动机燃油系统需要进行清洗保养。这一方面的保养越来越受到车主的重视。

（一）检查

(1) 空气格脏污程度，必要时更换。

(2) 节气门或化油器的脏污程度。

(3) 火花塞的积炭程度和跳火间隙，必要时更换。

（二）咨询

车辆行驶里程、系统保养维修情况、汽油滤芯的运行里程，必要时更换。

（三）试车

检查车辆怠速和加速情况。

（四）实操过程

1. 准备

(1) 准备材料和工具。根据检查及咨询情况领取相应材料和工具设备，备好于工具车上。工作现场放置灭火器，做好防火工作。

(2) 做好车辆准备工作后，打开机头盖，两侧翼子板要铺好防护垫，用防护坐套将坐椅套好，并用报纸将脚垫垫好。根据总纲要求做好准备工作。

2. 清洗保养

(1) 使用半瓶相应养护产品在高怠速或加速状态下，清洗进气系统，包括节气门阀体、进气歧管和 PCV 阀。然后将剩余的半瓶产品通过真空管（千万不要用刹车助力真空管）对节气门阀体进行清洗。对化油器车，采用酌量另一产品清洗化油器喉管。

特别提示：

对于电喷车清洗进气系统时，发动机转速不要超过1500r，以防三元催化转换器过热。

(2) 喷油嘴和燃油室清洗。

——查找电动油泵的电路接头或保险或继电器，边将其断开或拆掉，启动发动机，让其自然熄火，降低管路残压，确保电动油泵不工作。

——查找油路的进回油管，断开进油管，从工具箱中取出合适的接头与喷油嘴的供油管连接，接头的另一端连接养护设备。回油管用专用钳子夹住，确保系统不回油。

——养护设备的储液罐中注入养护产品并旋紧，设备连接气源，调整压力使设备压力达到系统工作压力。旋开设备的出油阀，检查管路有无漏油处。若漏油需重新调整紧固，以确保管路不漏油。

——关闭空调，启动发动机让其怠速（不要高于 1500r）运转 20 ~ 30min，直至储液罐中液体燃尽为止。注意此时不要加油。注意：如发动机在清洗过程中熄火，不要连续启动，等待 10min 后，再重新启动。

——发动机自然熄灭后关机，拆下工具和接头，重新接好所有管路和线路，注意拆卸设备时，先取下气源，然后打开设备卸压阀，以消除管路残压。

3. 点火检查

把点火开关拨到“ON”位置。给燃油泵通电，检查确保管路无泄漏。

4. 试车

检查车辆怠速和加速情况。

5. 加入油路清洁产品

视情况向油箱中加入油路清洁产品。

特别提示：

不同车型的系统燃油压力、油泵保险或继电器或油泵开关的位置、管路连接不完全一样，一定要认真阅读各不同车型的一些操作说明，详记于心。

四、冷却系统清洗保养

众所周知，烧开水的容器经一段时间的反复使用后，都会在内壁表面上形成一层厚厚的、硬硬的水垢。发动机水箱也一样，发动机高速运转时产生的热量经水循环系统送到水箱，由水箱进行散热而保证发动机的正常工作状态。

时间一长，水箱内壁也会结上一层厚厚的水垢。当水垢沉积到一定程度，就会造成水箱容积变小，影响冷却水的循环。由于水垢层的导热性差，还会造成发动机润滑条件恶化，机件出现过热现象，联动零件间不能保持正常的工作间隙，使力学性能变坏，进而使发动机功率降低和燃耗增大，甚至影响工作寿命。

因此，汽车经一段时间运行后，进行一次发动机冷却系统清洗是十分重要的。此项清洗保养可以起到去垢、去锈、防锈、防酸的功效，除垢率可达 85% 以上。一般而言，一辆车最好一年进行两次冷却系统的清洁保养。

（一）检查

检查的内容包括：

（1）冷却液的液面、质量（有无水锈、是否酸化）。

（2）水箱盖的密封情况。

（3）是否安装了节温器。

（二）咨询

向车主询问冷却液的运行里程、时间，冷却系统的工作情况，以及维修保养情况等。

（三）准备工作

（1）根据检查及咨询情况领取相应材料和工具设备，备好于工具车上。

(2) 做好车辆准备工作，打开机头盖，两侧翼子板要铺好防护垫，用防护坐套将坐椅套好，并用报纸将脚垫垫好。

(四) 清洗保养操作

(1) 开启水箱盖，利用专用抽吸工具抽出部分冷却液，预留足够空间向水箱内注入产品，关闭水箱盖。启动发动机使之在大循环状态下运行 20 ~ 30 分钟，注意此时要打开暖风开关。

(2) 关闭发动机，慢慢开启水箱盖，利用专用抽吸工具抽出部分冷却液，断开水箱入水管接头，并将其设备的相应接头连接，连接后确保管路的出入水方向与原系统水流循环方向相同。

(3) 向水箱中注满水，关上水箱盖，用专用夹子将主水箱与副水箱之间的连接软管夹住。

(4) 将设备中注入适量的新冷却液，开启发动机和设备开关进行换液。

(5) 设备的报警灯亮时，先关闭发动机和设备开关。

(6) 开启水箱盖，用专用抽吸工具抽出部分冷却液。将原管路复原，并加注产品，注满新冷却液，关闭水箱盖。

(7) 取下副水箱清洗干净，装回原位，加注新冷却液至规定刻度。

(五) 检查交车

怠速运行后熄火检查液面，不足可补足，将所有的管路复原，检查是否有渗漏，正常后交车。

(六) 注意事项

(1) 冷却液清洗更换前应与车主沟通了解车辆的使用情况，并严格检查车辆，在确认冷却系统无渗漏之后才能进行更换保养，如有渗漏，需维修好后再更换。

(2) 每分钟车型系统内冷却液容量详见设备的操作手册。

(3) 对于过脏的冷却系统可先向设备中注入清水冲刷一遍，然后再用产品清洗。

(4) 根据车辆的实际情况要控制好清洗时间，必要时加注高效止漏剂。

五、动力转向系统清洗

现代汽车上普遍采用的动力转向系统具有转向准确，易于操作等广为人知的好处。然而任何精密的系统都需要精细的保养。

（一）检查

检查的内容：

（1）检查储油壶内转向液的液面油质、气味。

（2）检查转向泵外表、接管、防尘罩有无转向液外渗。

（3）发动引擎，检查转向是否沉重。

（二）咨询

向车主询问转向液的运行里程，动力转向系统的工作情况，系统的保养维修情况。

（三）准备

（1）根据检查及咨询情况领取相应材料和工具设备，备好于工具车上。

（2）做好车辆准备工作，打开机头盖，两侧翼子板要铺好防护垫，用防护坐椅套将坐椅套好，并用报纸将脚垫垫好。

（四）清洗保养操作

（1）闭车状态下松开油壶盖，抽出部分转向油，预留足够空间，加注一瓶动力转向系统清洗剂，盖好油壶盖（可用 64401 × 1 或 62401 × 1/2）。

（2）将前轮升高，发动引擎，左右转动方向盘进行清洗，15 ~ 30min 后熄火。

（3）断开储油壶的进油管接头（即转向泵的回油管），从设备中取出合适接头与系统接头相连，然后再与设备的管路相连，连接后确保设备的进出油方向与原系统循环路线一致。

（4）将设备中加注 1 ~ 2L 新转向液，使用专用密封盖将转向系统储油壶口封紧。

（5）将前轮升高，将设备开关旋至换油位置，在闭车状态下左右旋转方向盘至极限位置进行换油。

(6) 待设备观察窗中出现新油颜色时，停止操作，原管路复原。

(7) 从储油壶抽出部分转向油，预留足够空间，加注转向系统保护剂，然后补充油液至规定刻度，盖好油壶盖。

（五）检查交车

发动引擎，左右转动方向盘，查看管路确保无渗漏。若感觉或发现系统橡胶密封有渗漏，可适当添加转向系统止漏剂。检查没问题按工作程序向车主交车。

六、自动变速箱清洗（NEP设备操作）

一般情况下，需要每两年更换一次自动变速箱润滑油，每行驶4万km需要对自动变速箱进行清洗维护。

（一）检查、咨询

(1) 发动引擎，热车后检查波箱油的油面、油质、气味。

(2) 咨询车主自动波箱的运行里程，自动波箱的工作情况，以及维修保养情况等。

(3) 试车，检查自动波箱的排档情况（有无冲击、迟滞现象等）。

（二）准备工作

(1) 根据检查及咨询情况领取相应材料和工具设备，备好于工具车上。

(2) 做好车辆准备工作后，打开机头盖，两侧翼子板要铺好防护垫，用防护座椅套将座椅套好；并用报纸将脚垫垫好。

（三）清洁保养操作

(1) 从波箱加油口注入产品一瓶，确保油位在规定范围内，将驱动轮升高离地，排档清洗运行30min闭车。

(2) 查找自动波箱油散热器，并将其一管路接头断开，接头分别与设备相应接头连接。然后将设备连接于系统管路中。

(3) 向设备加注适量波箱油，将设备控制旋转钮至加油位置，打开设备开关，并同时开启发动机进行换油，观察管路连接有无渗油，观察设备视窗的油流方向是否与所标箭头相符，若不符，应立即关闭发动机和设备开关，重新调整管路连接后再进行操作换油。

（4）换油时要注意不断检查自动波箱面，若不在规定范围内，要暂时关闭发动机或设备开关，使其达到规定范围在继续进行。

（5）待设备中的新油油位至“0”位时，先关闭设备开关，然后关闭发动机，管路复原。

（6）从波箱加油口处抽出部分波箱油，预留足够空间加入养护产品。

（四）检查交车

发动引擎，检查液面，补充新波箱油至规定高度。检查管路有无渗漏处，试车，检查自动波箱的排档情况。若保养完好，按程序将车交给车主。

（五）注意事项

（1）对于使用养护设备，可以不管波箱散热器油路的进回油方向，可直接将设备串联进波箱油路进行换油，待设备红灯亮时关闭设备检查油面即可。

（2）每种车型的自动变速箱油容量要详查设备操作手册。若感觉或发现系统橡胶密封有渗漏，可适当添加自动变速箱止漏剂。

世界名车车标 18：现代　HYUNDAI

国家：韩国

车标解析：1947 年，郑周永创建现代汽车公司，经过 50 多年的发展，它已成为韩国最大的汽车生产厂家，并进入世界著名汽车大公司行列。其商标是在椭圆中采用斜体字“H”，“H”是现代汽车公司英文名“HYUNDAI”的第一个大写字母。商标中的椭圆即代表汽车的方向盘，又可以看作是地球，与其间的 H 结合在一起恰好代表了现代汽车遍布全世界的意思。

第七节　其他美容项目

一、干洗车内及消毒服务

干洗车内指对车内长期积留的污垢、汗渍用清洁剂进行仔细的清洗。车内消毒俗称“汽车桑拿”，是利用蒸汽的高温，再配合适当的消毒剂，对车内进行消毒。

基本工具与用品有蒸汽机、水桶、毛巾、刷子、牙刷、万能泡沫液、皮革护理剂。

（一）洗车

洗车具体步骤，参照汽车清洗。

（二）取走车内所有东西与告知

为了方便工作，特别是消毒工作的开展，要询问车主关于车内的一些安排。一定要问清楚顾客关于车内的一些安排。

（三）干洗

1. 干洗顺序

按从上到下的顺序来干洗，即车顶→车内四壁（包括仪表盘）→车座位→车内地板→车门板。

(1) 车顶干洗。先喷万能泡沫液，然后等到泡沫开始溶解的时候，用刷子配合毛巾进行干洗；要注意用刷子的力度，不能太大，否则会把车顶给刷毛的。

(2) 车内四壁（包括仪表盘）干洗。安全带是比较脏的部分，要多洗几次，也可以用蓝威保强力清洁剂清洗，由于仪表盘和四壁的表面都有很多纹路，里面一般都藏了许多污垢，所以在刷洗的时候要用力。

(3) 车座位清洗。在用万能泡沫液的时候，要注意快速刷洗，因为万能泡沫液在清洗的时候对颜色越浅的坐位皮革产生的副作用明显，特别是褪色。一般驾驶位置最脏，一定要多洗几次。

(4) 车内地板要注意刹车油门的踏板的清洁。

(5) 车门板的清洁。其中门把手最脏，其次是车门槛和车门储物箱以下的地方是比较脏的，因为上下车门的时候鞋子经常擦过表面。

2. 操作要点

万能泡沫液喷洒之后一定要等待溶解，因为要与污垢发生反应后，清洗比较容易。

3. 质量标准

顶棚无刷毛的迹象，皮革手感柔软，纹路里无污垢，几个踏板上无污垢。

（四）用毛巾最后擦一次

相当于用干净水最后清洗一遍。

（五）消毒

(1) 消毒液按 1∶20 的比例配置，并加注到蒸汽机里，消毒液指一般用于医院里的那种消毒液。

(2) 接上电源，启动蒸汽机，等到温度高于 100℃时候，就可以操作了。

(3) 在喷洒蒸汽的时候，先要用干毛巾把仪表盘上的如中控制电脑、CD 主机这类的电子用品盖住，把四门玻璃升起。

(4) 先往空调口里喷蒸汽，然后是车厢内部，等到车厢内部的蒸汽已经非常多的时候，然后关上所有的门，等到蒸汽完全消失为止。

(5) 当蒸汽完全消失之后，打开车门，最后用干毛巾把蒸汽所产生的水珠擦干。

(6) 启动空调，打开外循环，并关上车门，等待 5 ~ 8min，让空调把车内的消毒水的味道换掉，基本无味为止。

(7) 帮助车主把东西搬回车内，并往车内喷洒空气清晰剂或车主自己的车用香水。

（六）吸尘

参考洗车服务流程及质量要求中的吸尘要求。

（七）检车交车

1. 检车标准

检查干洗是否有损害的地方，是否有遗漏的地方。消毒结果用电话调查。

2. 交车的标准

参考洗车服务流程及质量要求中的交车要求。

（八）注意事项

（1）要顾及旁人，发现问题及时上报。

（2）蒸汽机在使用过程中不能乱喷蒸汽，要防止蒸汽伤人。

（3）未用完的消毒液要及时从蒸汽机里清理掉。

（4）消毒液要放在凉爽的地方。

二、底盘装甲

底盘长期处在阴暗的环境下，锈斑往往从这里开始，所以汽车底盘防锈不容忽视。防锈的最好办法是给汽车底盘做“底盘装甲”。

所谓“底盘装甲”，就是在汽车底盘上喷涂一层保护材料，从而保护汽车底盘裸露的钢板。它可以防撞击、防锈蚀、防潮、防震、耐酸碱、耐磨、隔音、降噪、延长洗车使用寿命，保证安全行车。

（一）准备工作

准备好工具、设备、耗材、除锈剂、胶带、报纸、眼镜、油水分离器、塑料薄膜。

（二）具体操作

底盘装甲的具体操作，具体如下表所示。

底盘装甲

序号	步骤	具体操作	备注
1	准备	（1）把车引至洗车位，用卧式千斤顶将车单边顶起，用高压水枪冲洗底盘 （2）用透明薄膜将举升机上铺盖整齐，卸掉四轮	
2	清洁	（1）把车开至举升机上将车升起，把底盘清洗干净、吹干 （2）除锈处理。用专业除锈剂、钢丝刷、砂纸对锈蚀底盘部位进行除锈处理	

（续表）

序号	步骤	具体操作	备注
3	喷涂	在底盘上喷涂一层胶质弹性保护层： （1）用纸和胶带把不能喷到的（漆面、轮毂、排气管、刹车毂/盘、制动器、油箱管路、发动机底部的可拆卸螺栓）部位粘好，中间的地面铺上专用地胶。车身罩上车衣（一般使用别克车衣即可） （2）接上油水分离器，开始对底盘进行喷涂工作，一般要喷 2 ~ 8 遍，每次间隔 20min 以上，2h 以后常温固化（施工车间保持 20℃以上温度）	
4	检查与交车	（1）仔细检查后，去掉粘贴的纸等保护物，放下举升机 （2）粘贴温馨提示，并注明施工期限 （3）查收工具，清理卫生，交车 （4）验收客户结账单据，嘱咐客户两天内不可清洗底盘。指挥车辆离开工作车间	

（三）注意事项

底盘装甲的注意事项，主要包括以下几点：

（1）底盘必须彻底清洗，不能留有油脂、锈渍和水分。

（2）喷涂装甲材料时，晃动幅度不能超过 20cm。

（3）每次喷涂后，都要进行 20min 固化，然后才能进行下轮喷涂。

（4）做好防火处理。施工车间必须配置灭火器具，保持良好通风。

（5）施工技师须穿着施工工装、防护眼镜、耐酸手套。

（6）不可将装甲材料喷涂到刹车盘上、漆面、底盘传动、传热部件和可拆卸螺栓上。

（四）底盘装甲验收

底盘装甲验收，具体如下页表所示。

底盘装甲验收

序号	类别	验收作业	备注
1	喷涂前验收	（1）喷涂部位彻底清洗干净，达到无泥垢、无锈渍、无油渍等，在清洗时可选用专用的去污剂和适当的工具（铁刷）进行处理，直到让底盘金属还原，出现金属色为止 （2）车底喷涂禁区部位都应严密贴紧遮盖，无任何空留间隙	
2	喷涂中验收	喷涂过程一般分三次进行： （1）第一次喷涂时，整个底盘彻底清除干净，出现金属色，无流泪、叠积现象 （2）第二次喷涂时，应在第一次喷涂产品完毕 15min 以后进行 （3）第三次喷涂是针对漏喷部位进行复查验收	
3	喷涂后验收	（1）车底喷涂禁区无底盘装甲产品附着 （2）遮封部位无遮封材料残留 （3）轮胎安装完毕后，进一步检查螺母、螺帽的固定情况，确保无松动、无滑扣现象	

三、发动机清洗

发动机清洗是指用清洁剂对发动机表面的油污垢、泥污垢以及灰尘进行彻底的清洁，恢复发动机外表本来的面貌，提高发动机的散热力度。

基本工具与用品有高压水枪、牙刷、破毛巾、塑料胶袋、发动机清洗剂、轮胎上光剂。

（一）高压水枪清洗法

高压水枪清洗法的操作步骤，主要包括以下四步：

1. 做好防水准备

打开发动机盖，将发电机、分电器、制动油壶等用布遮盖或用塑料胶袋封住。一定要遮盖或封好，特别是发电机和分电器。

2. 进行冲洗

（1）喷洒发动机清洁剂到各个部件上，特别脏的地方要多喷点。

（2）等到发动机清洁剂开始溶解的时候，打开高压喷水枪喷洗发动机及其污秽处。

（3）用高压枪喷洗前挡风玻璃下的道风口。

（4）喷洗前挡风玻璃与发动机室隔热空间内的树叶、污泥和灰尘。

（5）用高压水枪冲洗水箱、散热片及冷气冷凝器散热片上之树叶、蚊虫、灰尘，注意应先由内往外冲洗。

（6）用高压水枪冲洗左右车轮挡泥板、发动机室内侧排水孔，并将树叶、污物取出。

（7）用高压水枪冲洗发动机室内侧支撑条内污物或灰尘。

特别提示：

尽量在发动机冷却之后冲洗。注意水枪的压力不要太大。冲洗之后保证做到干净，无污垢。

3. 风干检测

（1）用空气喷吹枪喷除火花塞孔内的砂粒并吹干。

（2）吹干电瓶的接线柱上的水。

（3）吹干其他部分的水，为喷洒发动机上光剂做准备。

（4）检查发动机、分电器是否有水，并处理。

（5）注意在发动汽车之前一定要检测哪些地方存在有水。

4. 喷洒上光剂

（1）取下遮盖布，并用清洁的布将发动机室各部彻底擦拭干净，特别是引擎盖底面。

（2）当各部件彻底干燥之后，才可以喷洒轮胎上光剂，只适用于塑料件和橡胶件。

（二）高压空气清洗法

1. 操作步骤

高压空气清洗法操作步骤，具体如下页图所示。

步骤 1	吹除发动机空置内侧凸条的油污
步骤 2	吹除空气滤清器外壳上的灰尘，尤其是中央固定螺栓凹缘处
步骤 3	吹除火花塞凹孔内的灰尘
步骤 4	吹除发动机四周的附件，如蓄电池、下挡泥板等
步骤 5	吹除冷凝器及水箱散热器上的污物
步骤 6	吹除两旁排水孔的污物
步骤 7	清除风扇上的污物
步骤 8	打开空气滤清器盖子进行清除工作
步骤 9	清除空气芯子内灰尘

高压空气清洗法操作步骤

2. 注意事项

高压空气清洗法的注意事项，主要包括以下几点：

（1）顾及旁人，发现问题及时上报。

（2）在发动机处于高温的状况下，要防止发动机烫伤手。

（3）在刷洗机头箱里其他部件的时候，要注意防止接头、线丝刮伤手。

（4）在发动机位停机的时候严禁打开引擎盖。

（5）关闭引擎盖的时候要注意力度，不能太重。

（6）发动机部分零件一定要注意防水。

（三）简单清洗法

发动机清洗，可以采用简单的清洗方法。

(1) 将车用空气机接上吹气嘴。

(2) 将空气机电源接头插入点烟器中，或用直流变换器也可以。

(3) 打开发动机盖的拉柄。

(4) 使用空气机清洁发动机室盖内侧凸条及凹孔内的污物。

(5) 除空气滤清器盖上及凹孔内的污物。

(6) 吹除发动机室隔热槽内的污物。

(7) 吹除火花塞凹孔内的灰尘及砂粒。

(8) 吹除排水孔的污物。

(9) 吹除水箱及冷凝器散热片上的污物。

(10) 打开空气滤清器固定螺钉，取下空气滤芯。

(11) 使用车用空气机清洁空气滤清器（由内往外）。

(12) 使用吸尘器除空气滤芯外侧上附着的污物。

特别提示：

外壳内如有灰尘可用湿布拭去，千万不要将灰尘拭入化油器孔内，可先用清洁的布将化油器孔盖住。

四、仪表板处理

仪表板处理主要是针对的个别车主而设定的服务项目。

仪表板处理基本工具和用品有中号毛巾、小刷子、全能泡沫清洗剂、仪表盘上光剂（色泽还原剂）。

仪表板处理的步骤，主要包括以下几点：

(1) 使用湿润毛巾将仪表板清洁干净。

(2) 使用清洁剂处理仪表板上的塑胶部分。

(3) 使用清洁剂处理仪表板上的剩余部分。

特别提示：

为防止仪表板受阳光照射而变质，可用遮阳片保护。均匀的喷洒仪表色泽还原剂，不能喷洒到方向盘、变数挡、手刹车挡上，因为仪表色泽还原剂是油性的液体，而且不容易干。不要喷到规定的物体上，不要有水进入到仪表盘上的缝隙里。

世界名车车标 19：铃木 SUZUKI

国家：日本

车标解析：铃木商标图案的 S 是 SUZUKI 的第一个大写字母，它给人以无穷力量的感觉，象征无限发展的铃木汽车公司。1909 年铃木先生在静冈县滨名郡创建了铃木织机制作所，1954 年改称铃木汽车工业公司。公司主要生产微型轿车、轻型货车、摩托车等。

第八节　汽车防护服务项目

一、汽车太阳膜

（一）太阳膜种类

汽车太阳膜根据成分不同，可以分为四种，具体如下图所示。

染色纸	俗称黑纸、耐磨性较差、易褪色
反射铝	通常是新车赠品，表面镀有高反射性的蒸发铝，但是易被氧化腐蚀
混合铝	混合染色纸及反射铝，采用双层黏合，具有中等防晒效果
镍铱金属膜	采用镍钛、钛铬等合金成分，电感涂层和高压式胶膜黏合处理，具有很高的隔热和安全防爆效果

太阳膜种类

（二）太阳膜性能指标

太阳膜性能指标主要有清晰性能、隔热率、防爆、紫外线隔断率、颜色、胶与颗粒泡、防眩光、膜面防划伤层（耐磨保护层）。

（三）防爆太阳膜功能

汽车防爆太阳膜功能，具体如下页表所示。

汽车防爆太阳膜功能

序号	功能类别	具体内容	备注
1	创造最佳美感	使汽车的风窗玻璃显现艳丽悦目的颜色	
2	提高防爆性能	提升意外发生时汽车的安全性能，使汽车玻璃破碎的可能性降到最低，最大限度地避免意外事故对乘坐者的伤害	
3	提高空调效能	隔热率可达 50%～95%，能有效阻断阳光热量进入车内，有效地降低汽车空调的使用，节省燃油，提高空调效率	
4	抵御有害紫外线	紫外线辐射具有杀菌作用，但对人的肌肤也有侵害力，对于乘坐者来说，长时间乘车时，人体基本上处于静止状态，此时更易受到紫外线伤害，造成皮肤疾病	
5	保证乘车隐秘性	防爆太阳膜具有单向透视性，可保证乘车的隐秘性	

（四）太阳膜选用原则

太阳膜选用原则为膜的透光度和清晰性、隔热率是体现隔热性能的重要指标、防爆性能、紫外线阻隔率、颜色、膜面防划伤层。

（五）汽车防爆膜质量鉴别

鉴别汽车防爆膜质量，主要通过看、摸、试三种方法。

（1）看。看透光率、颜色、气泡。

（2）摸。优质太阳膜摸捏时有厚实平滑感，劣质太阳膜手感薄而脆。

（3）试。对于太阳膜的隔热性只凭肉眼看和手摸是很难鉴别的，可以通过一个简单的测试方法来作比较，在一个碘钨灯上放一块贴着太阳膜的玻璃，用手感觉不到一丝热的是优质太阳膜，而立即有烫手感觉的则是隔热性较差的劣质太阳膜。

（六）太阳膜安装

太阳膜安装步骤，具体如下页表所示。

太阳膜安装步骤

序号	步骤	具体操作	备注
1	外部清洗	从乘客前侧门的位置开始以顺时针方向，清洁每块玻璃的外表面	
2	轮廓裁切	在车窗玻璃外表面上喷洒少量的窗膜安装液，把太阳膜覆盖其上，剥离膜朝外，小心地滑动定位后，开始沿边框四周裁剪窗膜的大小	
3	热定形	由于几乎所有玻璃窗都有轻微的球形弯曲，妨碍窗膜在玻璃上铺平，这种现象被称作为皱褶	
4	玻璃内表面清洗	当裁切和热定形完成后，玻璃的内表面必须采用液体清洗剂清洗处理	
5	剥离保护膜	玻璃清洗完成后，撕去太阳膜的保护膜，用安装液喷洒暴露的安装胶	
6	太阳膜铺贴	随着保护膜的剥离和安装液喷洒在玻璃与太阳膜的粘胶层上，将太阳膜小心地滑移到位	
7	挤水工艺	太阳膜滑移到位后，应立即在太阳膜表面再次喷洒安装液，润滑需挤水的表面	
8	边部检查、密封边缘	检查太阳膜的所有边缘，并用特氟隆硬片（或其他同系列工具）挤封	
9	最后清洁和检查	安装工作完成后，仔细地擦洗所有的车窗玻璃（内表面和外表面），去除条纹水迹和污迹。	
10	移交	在日光下检查有无缺陷后，准备提交汽车给客户，并向客户解释基本的保养和维护	

（七）注意事项

粘贴太阳膜时，需要注意以下事项：

（1）汽车玻璃贴膜过程中，不能有任何的疵点和杂物颗粒，因此必须在无尘贴膜间内施工。

（2）必须使用贴膜专业工具，材质粗糙的非专用工具功能模糊，往往一物多用。

（3）使用专用贴膜清洗液和安装液，并用纯净水兑稀，使玻璃达到最佳清洁程度，使膜与玻璃达到最大粘结强度，不引起翘边、脱层的缺陷，达到长期的质保效果。

(4) 贴前后风窗玻璃时应采用整张铺贴和干法热定形工艺，太阳膜应最大化地贴到玻璃窗的边缘等。

(5) 采取防护措施，防止在安装过程中刮花漆面、损伤车内装饰品、造成车内电器和音响因受潮而短路失效，避免因安装窗膜而坐椅受潮损伤、仪表板表面意外刮伤或因受潮而失灵。

二、汽车防盗装置

（一）常见汽车防盗装置种类

常见汽车防盗装置，具体如下表所示。

常见汽车防盗装置

序号	类别	具体装置	备注
1	机械式防盗装置	锁住加速踏板、锁住汽车转向机构、锁住制动踏板、锁住音响	
2	断开式防盗装置	燃油切断装置、点火开关切断装置、蓄电池接线柱切断装置	
3	电子警报系统	闪光警告系统、电子警报系统、超声波报警器、会说话的防盗装置	
4	跟踪装置	“洛－杰克”系统、密码报警信号截止系统、关门捉贼、防盗牌照、卫星警报系统	
5	人体钥匙装置	指纹钥匙、眼睛钥匙、手指钥匙	

（二）汽车防盗装置的组成

汽车防盗装置的组成主要包括：汽车钥匙插入开关、车门开关、锁门开关、点火开关、报警状态设置电路、是否盗贼检测判断电路、30s 定时器、解除报警器、LED 指示灯、报警器、报警灯、启动断电器、报警电路。

1. 防盗保险装置

（1）系统动作调置，所有的车门、发动机盖及行李箱关闭时，进行车门锁上，使防盗保险系统进入预警状态。

（2）闯入车厢检测，当打开车门非法闯入车厢时能立即报警，主要包括开闭开关、电流电压、超声波、车辆姿势。

（3）警报，主要有喇叭鸣叫，前照灯、尾灯、转向灯闪烁，启动电路隔断，指名呼叫。

2. 防盗报警装置

（1）防盗报警装置的基本构造，具体如下图所示。

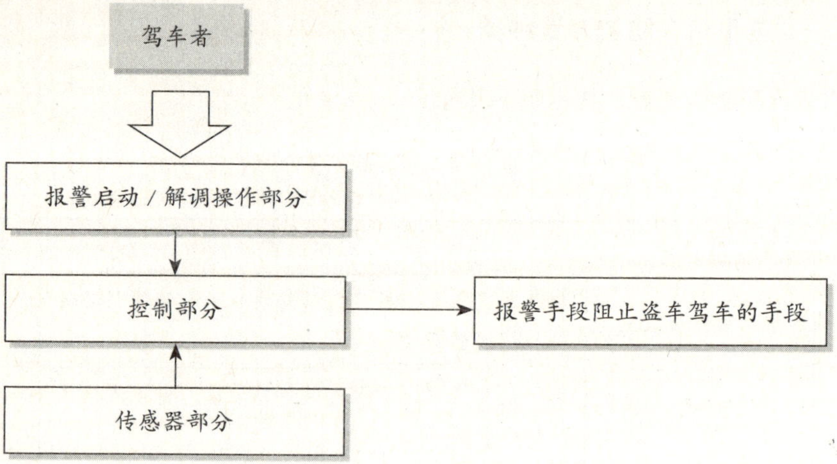

防盗装置基本组成

（2）防盗报警装置的调置（重调置）的方法，可分为主动式与被动式两种。

（3）盗车检测的基本方法是，开启车门是在不正常的情况下进行操作。

（4）报警方法通常采用喇叭鸣叫或灯光闪亮的方式。

（5）防盗装置必须安全可靠，绝不允许在深夜或者蓄电池电压增加时发生误动作。

3. 电控中央门锁

（1）控制部分包括输入器、存储器、鉴别器、编码器、驱动级、抗干扰电路、显示装置、保险装置和电源等部分。

(2) 中央门锁执行机构分两种形式电磁线圈形式和直流电动机形式。

(三) 防盗装置安装

1. 原车电路检查

防盗器安装前要检查原车电路，具体如下表所示。

原车电路检查

序号	电路类别	具体操作	备注
1	中控锁电路	用原车钥匙(或中控锁开关)开启/关闭左前车门，观察所有车门是否在同一时间内开启/关闭	
2	车门开关	分别打开各车门，检查所有车门检测开关，是否接触正常，观察分别打开车门时，车顶灯是否正常亮	
3	启动电路	用车钥匙旋转到ON位置，观察仪表盘内各指示灯亮起情况(如气囊、ABS、充电、发动机故障灯等)，然后正常启动车辆，再观察各指示灯熄灭情况有无异常	
4	转向灯电路	钥匙转ON位置，分别打开左右转向灯开关，观察左右闪光灯频率(速度)是否一样(打开紧急双闪灯开关也可对转向灯电路进行检查)	

2. 安装配线注意事项

在安装防盗器的配线时，一定要注意以下事项：

(1) 找出适合安装主机的位置(空调冷气出风口除外)，仔细观察装饰板的结构状况，因为对接配线时须拆装装饰板。

(2) 中控锁线路部分连接，因车型不同，触发方式差别较大。

(3) 门开关检测线连接时一定要接顶灯控制总线(四门总线)，不要接在左前门的门开关线上，因为主门开关线和其他门开关线，是由二极管分离开的，相互不连通，避免装防盗后在设定警戒时，出现开后门不报警现象。

(4) 断电器的连接中一定要先确认好点火线、燃油泵的控制线、启动线后再选择断开哪一路(断开启动线时没有防抢功能)，防盗主机输入ON线要对接在断开电路上端。

(5) 电源负极导线最好与原车接地连接，电源正极线应在其他配线连接好后最后连接，所有配线一定要用绝缘胶布包扎牢固。

3. 功能测试

在安装防盗器和防盗器安装好后，都需要进行功能测试，以保证达到安装要求。

(1) 主机所有配线连接完成后，先进行调试后再装上装饰板。

(2) 关好所有车门用遥控器设定防盗10s后振动车辆防盗器应立刻发出报警声音，振动感应器的灵敏度大小，可根据安装车型大小做适量调整。

(3) 全部功能测试完成后向车主讲解简单的常用功能操作方法，包括遥控和接收的大约距离，遥控器的电池使用时间，紧急解除开关的使用。

特别提示：

发动机断电回路继电器不要安装，原车黄色线不要测量，防盗器的中控锁配线与原车中控锁配线应合理连接。

三、倒车雷达

（一）什么是倒车雷达

倒车雷达，即倒车防撞雷达，也叫泊车辅助装置，它能以声音或更为直观地显示告知司机车辆周围是否有障碍物，解除司机泊车或启动车时，车辆前、后、左、右探视所引起的困扰，帮助司机扫除视野死角和视线模糊的缺陷，提高驾驶的安全性。

（二）倒车雷达作用

倒车雷达主要作用是在倒车时，利用超声波原理，由装置在车尾保险杠上的探头发送超声波撞击障碍物后反射此声波，计算出车体与障碍物间的实际距离，然后提示给司机，使停车或倒车更容易、更安全。

（三）倒车雷达安装

倒车雷达安装主要有粘附式和开孔式两种方法，具体如下页表所示。

倒车雷达安装方法

序号	方法类别	具体操作	适用范围
1	粘附式	（1）将附带橡胶圈套在感应器（探头）上，引线向下并与地面垂直 （2）确定感应器（探头）安装位置 （3）将感应器（探头）沿垂直方向贴合 （4）用电吹风将双面贴加热，然后撕去面纸，贴到确定部位 （5）将报警器的闪光指示灯安装在易被司机视线捕捉的仪表台上 （6）将控制盒安装在不热、不潮和无水的行李箱侧面 （7）将蜂鸣器安装在后挡风玻璃前的平台上 （8）将感应器（探头）屏蔽线隐蔽铺设，以防压扁、刺穿，并起到美观的效果	仅限于具有粘贴性探头的报警器，一般安装在尾灯附近或行李箱门边
2	开孔式	探头安装在汽车尾部或保险杠上，其他部件的安装方式与粘附式安装相同	具有开孔式探头的报警器

特别提示：

在安装时，要注意安装位置的高低、角度以及探头分布的距离等，如不注意这些问题，会影响探头的探测结果。

四、静电放电器

静电放电器包括空气静电放电器和搭链式放电器。

（一）空气放电器

空气放电器，是粘在车顶的一种天线状物体，有些甚至可以和车载天线共用，外形美观，比较受私家车主的欢迎。

特别提示：

如果两种放电器同时安装可以达到更好的防静电效果。

（二）搭链式放电器

搭链式放电器，固定夹在车底金属上，放电器末端接触地面。安装只要找相应合适地方固定，没有特别要求。

世界名车车标 20：林肯 LINCOLN

国家：美国

车标解析：林肯（LINCOLN）汽车是福特汽车公司拥有的第二个品牌。镶嵌在车头正中长形围绕的十字星，象征着尊严和庄重。林肯汽车公司是亨利·利兰先生于 1907 年创立的，1922 年被福特汽车公司收购，初期以生产飞机发动机为业。林肯汽车是第一个以总统的名字命名的品牌，是专为总统和国家元首生产的高档轿车。由于林肯车杰出的性能、高雅的造型和无与伦比的舒适，自 1939 年美国的富兰克林·罗斯福总统以来，一直被白宫选为总统专车。

第九节　汽车装饰服务项目

一、汽车装饰分类

汽车装饰根据不同的分类标准，可以分为不同种类。

（一）部位

汽车装饰根据部位不同可以分为三种，具体如下表所示。

汽车装饰分类（部位）

序号	类别	具体内容	备注
1	外部装饰	车身外部的顶盖、车窗、车身周围、车灯以及车轮和底盘的装饰	
2	内部装饰	对汽车驾驶室以及乘客室进行装饰，包括地板、篷壁、坐椅、仪表板等	
3	其他装饰	各种车载电子电器设备、通信和智能设备以及防盗防护设备等	

（二）作用

汽车装饰根据作用不同，可以分为以下八种：

（1）美观类，比如车身大包围、各种贴饰、扰流板等。

（2）舒适类，如天窗、真皮坐椅等。

（3）娱乐类，如各种车载影音设备。

（4）防盗类，主要是各种防盗装置。

（5）保护类，包括保险杠、防撞胶等。

（6）便利类，比如电动门窗、车载电话、电子导航装置等。

(7）实用类，如汽车货架、车载冰箱等。

(8）安全类，如安全带、气囊等。

二、安装电器装置

（一）车门警报装置

车门警报装置是防止窃贼进入车内的装置，使其刚打开车门时即发出响声，以吓阻窃贼。车门警报装置的主要零部件包括警报器（喇叭）、熔丝、门开关、暗开关、连接线等。

车门警报装置安装方法及步骤如下：

(1）使用螺钉旋具先拆下门开关的固定螺钉。

(2）将门开关拉出，并在门开关线头处接上警报装置的连线并用胶带包好。

(3）将门开关上警报装置的连接线，一端接至警报器电源接头上，一端接至暗开关线头上。

(4）将暗开关上的另一线头接熔丝到蓄电池。

(5）暗开关是用以使车主进入车室或刚打开门将电路切断，车主离开车室或关上车门时接通电路的装置，一般其固定位置可任意安装在驾驶室内，但以隐蔽性为优先。

(6）警报器（喇叭）的安装位置通常是在发动机室内某一搭铁较佳处，但也以隐蔽性较佳为优先。

(7）所使用的警报器可以用车上现有的喇叭接线来代替，将电路上的门开关线直接接至喇叭的电源线上。

（二）倒车喇叭

倒车喇叭主要是在提高车后方的人员或动物的警觉性，以利倒车的安全。一般倒车喇叭有音乐曲调型与单音型两种。

倒车喇叭安装方法及步骤如下：

(1）拆下后行李箱内的后车灯组总成，然后找倒车灯的位置。

(2）使用尖嘴钳与斜口或剥线器，将倒车灯上的两电线从中间将绝缘外皮剥开。

(3）将倒车喇叭固定在后灯座总成旁的可安装位置，或车外后保险杠的下方，装在下方的音响较大，但是电路也易受损坏短路。

(4) 将倒车喇叭的两电源线与灯泡组上两剥开的电线相接，再用胶带将接线外包好以防漏电。

(5) 装回后车灯总成，盖好行李舱盖板。

(6) 打开点火开关至 ON 的位置（仪表板上的红色指示灯亮。例如蓄电池指示灯或润滑油压力指示灯亮）。挂倒档测试倒车喇叭是否正常工作。

(7) 使用倒车喇叭的时间不可过长，且音响不可过大。

（三）发动机盖警报装置

发动机盖警报装置，主要是用以防止窃贼偷窃车辆时接通电中的装置。发动机盖警报装置的主要零件，包括警报器（喇叭）、熔丝、暗开关、发动机盖开关、连接线等。

发动机盖警报装置安装方法及步骤如下：

(1) 打开发动机室盖，并在发动机室内车身钣金处，找一适当位置以安装发动机室盖开关，然后将开关安装在两小孔中的一个即可。

(2) 将发动机室盖开关锁紧在小孔内。

(3) 将发动机室盖开关的线头下，用连接线相接。

(4) 一端接警报器（喇叭），一端接暗开关，喇叭可使用车上原有的装置，只要把接线至喇叭电源线头上即可。

(5) 将暗开关上的电源线头接熔丝至蓄电池。

(6) 暗开关是在打开发动机室盖时，将电路切断及关上发动机室盖时，使电路接通的装置。一般其安装位置可任意安装在发动机室内或驾驶室内，但也以隐蔽性较好处为优先。

(7) 警报器（喇叭）的安装位置，通常是在发动机室内某一搭铁较佳处，但也以隐蔽较好处为优先。

（四）高压电省油器

高压电省油器安装在分电器高压中央电极中间位置。安装时，先将原高压线拆下，将高压电省油器的接头，直接插入中央电极的高压孔内，然后再将原来的高压线接在高压电省油器上端的接孔内即可。

高压电省油器具有发动机启动容易、节省燃油及减少废气功能。

特别提示：

高压电省油器的缺点是在高压线接头处，如不常清除电线头所产生的污垢、铜锈，则会造成电路不良。间隙的调整对跳火电压也会变化，间隙大跳火电压高，间隙小跳火电压低。

（六）车前旗杆灯

安装车前旗杆灯的目的并不是在于好看，而是在于夜间车头转弯处醒目。安装车前旗杆灯的步骤如下：

（1）打开发动机室盖，并在左右两侧的灯组总成处找出小灯的接线头。

（2）将接线头由中间的塑胶扣压下拉出，使用延长线在小灯接线头处相接。

（3）两延长接线的另一端由小灯组座的附近缝隙拉出。

（4）使用手电钻在保险杠适当位置钻一小孔，以利安装旗杆灯。

（5）将旗杆灯置于安装孔上，拧紧螺钉，且在杆底与保险杠上表面处，用硅胶黏合效果会更好。

（6）将旗杆灯的电源线与延长线的线头相接。

三、地毯装饰

如今所有生产厂和零配件市场的地毯都是成型的地毯，其形状与汽车地板形状相匹配。

（一）拆除旧地毯

大多数车的地毯很好拆除，从车门框上拆下防磨板，直接拉出地毯。但是有的车辆必须拆下坐椅、安全带和松开脚踏板后才能拆下。

特别提示：

拆除时注意不管地毯与何处相连都不要硬拽，先拆下连接件，然后拆下旧地毯，要根据具体情况而定。

（二）加衬垫

一般车用地毯下面都有衬垫，不带衬垫的地毯必须另行制作衬垫，然后把它粘到地板上。

1. 泡沫塑料

用泡沫塑料制作地毯衬垫，具体步骤如下图所示。

第一步	测量地板横向和纵向的尺寸，在每个方向上增加 20% 的余量，按结果进行剪裁
第二步	剪裁完毕后，把泡沫铺好，剪去多余的材料
第三步	在泡沫背面和地板上喷胶，按下并粘贴，另一侧用同样的方法进行处理

制作地毯衬垫步骤

2. 黄麻毡和再生材料板

用黄麻毡和再生材料板制作地板衬垫，要分几片来做。一片用于曲面的凸起部，两片用在两侧的地板上。对地板表面不平有较大的深坑时，每一个深坑部分需单独进行处理。

（三）调整与安装

1. 测量面积

(1) 测量变速器隆起处的面积，纵向尺寸从驾驶室前隔板量到后边坐椅的底部，横向尺寸从一侧量到另一侧，并在测量结果上加上 152mm。

(2) 测量驾驶员和乘客侧的地板面积时，前后距离也是前到隔板，后到坐椅底部。

特别提示：

大多数车的坐椅不能完全遮住到车门之间的地板，所以此处地毯要一直铺到坐椅的后面，也可以另用一小块地毯铺到此处。

2. 变速杆处地毯

从地毯卷上剪下三块面料，一定要保证地毯的绒毛倒向一致。

(1) 将一块地毯放在变速杆的前方，留出足够盖在驾驶室前隔板的余量，使地毯位于中央位置。地毯盖过隆起后，分别在驾驶员和乘客侧各留有 76mm 的余量。

(2) 把紧靠变速杆前方处的地毯对折，用刀片剪开一个开口，大小能使变速杆手柄刚好通过。

(3) 地毯套过变速杆后，在原来开口的基础上切出放射型开口，使其能套过变速杆的护套。

(4) 剪掉多余的地毯，并把毛边压到护套的下方。

3. 乘客侧地毯

安装离合器外壳凸起部分的地毯要一直延续到仪表板。安装时把地毯在凸起处向右折出一个折痕，从乘客处的底部到驾驶员侧的底部标记出一条折痕。然后，用刀片沿这条线进行切割。

(1) 整块地毯放在缝纫机上，在切口边缘缝制一条镶边，当对一切都满意后，便可粘牢地毯。

(2) 其他的侧片地毯放置好，在前边画一条线，沿 45°角一直剪到凸起处接缝的开始端，把地毯折起，然后沿凸起边缘画线。

(3) 在切口前把地毯片折起，在背面画出一条线直到地板的前边缘，然后，把地毯取出，沿画出的线修剪地毯的边缘，并进行缝合。

(4) 粘贴上地毯，在粘贴前，一定要对座椅架和座椅安全带固定架处进行开口。如果没有开口就进行粘贴，很难精确地切割出孔的位置。

4. 驾驶员侧地毯

驾驶员侧的地毯的裁剪缝制和调整安装与乘客侧地毯的裁剪缝制和调整安装几乎相同。拆下加速踏板后，在地毯上切出一个和操纵杆相同的小孔，让操纵杆穿过地毯，把踏板安装在地板上。如果踏板穿过地板，必须在每个踏板前面各切出一条长缝。然后，用包边材料把这些切缝边包起来。在拐弯地方应裁剪出剪口，缓解张力。

四、汽车仪表板

汽车仪表板是汽车内部最大、最复杂的总成之一。不但要满足承载各种仪表的安装，驾驶汽车安全运行的需要，而且也是成为车内最主要、最引人注目、最重要的装饰件。

（一）仪表板类型

汽车仪表板类型，具体如下表所示。

汽车仪表板类型

序号	类别	特点	备注
1	金属仪表板	整体式仪表板，整体不大，基本上属于中型或小型，而形状较为简单，采用冲压技术制造	
2	塑料仪表板	（1）整体式塑料仪表板由于塑料比金属有更加良好的成型性，使得可以用吸塑方法制造出形状复杂，且表面有花纹形式，其装饰效果良好 （2）组合式塑料仪表板也是从生产的角度来考虑，把整体尺寸比较大的塑料仪表板分成几部分来分块制作，然后再用塑料焊接或胶粘法把各部分焊接起来，成为一个整体	
3	复合仪表板	（1）除了能够满足一定的使用功能外，还能使人感觉舒适美观 （2）复合材料生产工艺简单，原材料价格便宜	

（二）仪表板装饰

仪表板的装饰与车型和汽车的使用情况以及车主的个人爱好有关，有些车型的仪表板凸现简朴特色，有的采用真皮装饰，有的用桃木进行装饰，还有的用色彩装饰仪表板。

装饰仪表板时注意以下事项。

(1) 结合车辆的实际情况来进行装饰，避免低档车豪华装饰和高档车低水平装饰。

(2) 要与车内的其他内饰相匹配协调，绝不能影响到整个内饰的装饰效果，仪表板只是整个内饰的一部分。

(3) 根据车辆的实际情况来选择合适的装饰方法并选用合适的仪表。

特别提示：

由于汽车的各种仪表，具有特定的功能和使用条件，只有具有相当技能的人员才能正确地选用和改装汽车仪表的布置安装调试，否则不但达不到装饰目的，还可能适得其反造成事故发生。

(4) 选用合适的粘胶剂，仔细地阅读各种粘结剂的使用说明书，然后根据实际需要选用满足使用条件的粘结剂。如不能把握，可先用少量的粘结剂来试用一下，看其是否满足要求。当发现能够满足使用要求时才能使用。

五、更换车门衬板

车门衬板更换步骤，具体如下图所示。

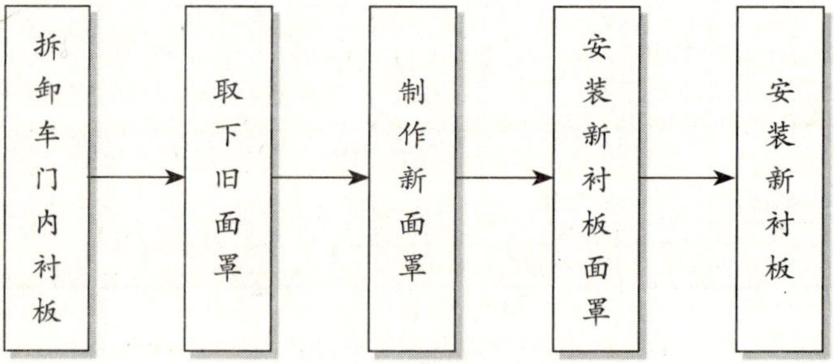

车门衬板更换步骤

（一）拆卸车门内衬板

拆掉所有的紧固件，然后把衬板从车门上拆下，用螺丝刀把锯齿形塑料螺钉撬起。

特别提示：

螺丝刀要顶住塑料螺钉的颈部再撬它，千万不要撬到螺丝钉的纤维板盖上，以免撬坏。

（二）取下旧面罩

(1) 把面罩的周边从板子的背面揭起，再用剪子把它剪掉，然后把面罩从板子上撕下来。

(2) 老型号车上有的面罩边缘是用 U 型钉钉住的，有的边上用不锈钢装饰条。不锈钢装饰条通过上面的舌片卡在纤维板上，穿过纤维板在板的背面压弯，拆卸时把舌片扳直后就能从衬板上取下装饰条。

(3) 揭下衬板上的旧面罩，但不要损坏纤维板，可以用旧面罩作为新面罩的模板剪裁新面罩。注意车门扶手周围的曲线的凹痕，在新衬板上可以照原样进行制作。

（三）制作新面罩

(1) 在 13mm 厚的泡沫上粘贴一层尼龙，然后在上面画出 13mm 的褶痕。

(2) 为精确地定位曲线，把前面制作的模板放置在新衬板上，对齐褶痕，便可确定曲线的位置。

(3) 用粉笔沿它的轮廓画线，在褶痕和曲线画出的标线处缝制出一条明线缝。

(4) 把面料与毯子缝制在一起的时候可能会在接缝处产生鼓包，毯子的底部也可能会鼓起。

(5) 不要把毯子的周边都缝上，只在毯子的顶边进行缝制，留下另一边不缝，把毯子粘在衬板的下部，把没有缝的那一边包住衬板，用胶或者 U 型钉固定在衬板的背面，盖住纤维板的边缘，使外形整洁漂亮。

（四）安装新衬板面罩

(1) 安装新面罩时，纤维板与面罩之间的相对位置一定要对好，只有这样门边扶手和车门把手才能对应在面罩合适的位置上。

(2) 在确定对正后，在它们背面涂上少量的胶，粘在一起。面罩上衬板以外的泡沫应剪掉，以免把泡沫包裹在衬板的边缘上，导致边缘处膨胀。

(3) 在纤维板的拐角处剪一些 V 型窗口。

(4) 把面罩的边缘修剪好，把面罩粘贴在衬板上。

（五）安装新衬板

(1) 衬板安装在车门上，把两三个塑料紧固件半插入定位孔中，观察车门把手和车窗摇柄在面罩上顶起的位置，然后在那里小心地切开缝。

特别提示：

为豪华车制作车门内衬板时一定要注意在为柱、柄或孔开口时要尽量的小，还要确保所有电器能够正常工作，必须在黏合板之前进行检查。

（2）当所有的孔位都定准后，把孔边缘修好，把所有塑料紧固件安装固定好。

（3）安装车窗摇柄、门边把手和车门把手的盖板。

六、车内篷壁装饰

汽车顶衬也称为车顶棚或顶子等，顶衬的种类、式样和颜色、面料及结构因不同的车型而异。汽车顶棚内衬层的结构基本上可分为成形型、吊装型和粘贴型三种。

（一）新款车

新款车顶衬为抛压式顶衬，更换时可按如下步骤进行：

（1）在汽车装饰店选择合适的新顶衬。

（2）拆卸顶灯。

（3）移除顶衬周围的边饰件，这时由于定位件被移除，顶衬自动脱落。

（4）安装新顶衬。

（5）连接好顶灯。

（6）安装边饰件。

（7）检查是否安装正确。

（二）老款车

老款车更换，具体如下页表所示。

老款车更换

序号	步骤	具体操作	备注
1	拆卸旧顶衬	（1）拆下遮阳板、风窗玻璃、后窗四周的装饰条 （2）拆卸车顶灯 （3）拆下密封条 （4）拆卸卡板 （5）拆下顶衬 （6）拆下拱型架	
2	检查内衬及顶盖	拆下内衬后，认真检查顶盖的内衬是何种材料、结构形式是否有损坏及损坏程度如何、能否修复	
3	成形型顶盖内衬装饰	（1）对内衬表皮进行重新装饰 （2）对顶盖护板内表面进行清洗，除去表面上的污垢、异物，使之清洁干燥 （3）把装饰后的内衬进行必要的清洗处理，主要是对内衬的贴附面（与顶棚内表面相贴附表面）进行清洗 （4）按原顶盖与内衬的结构形式和安装方法，把装饰好的内衬安装在顶棚上 （5）将原拆下的零部件经过清洗干燥，按原方法安装复原 （6）将安装后的顶棚进行全面清洗，去除安装过程中造成的尘垢或污物并喷涂内饰护理剂	
4	吊装型顶棚内衬装饰	（1）拆下顶棚内衬上的顶灯、空调系统零部件及其他装饰件等 （2）将内衬表皮的人造革用清洗剂进行清洗干净并擦干 （3）按内衬表皮的形状尺寸，用新的优质同色的人造革进行剪裁，并缝制成一体，留足周边粘结后的裁剪余量 （4）选用通用粘结剂进行粘接，先在原内衬表皮的人造革上均匀地涂上薄薄的一层胶液，稍晾干一下，再把新的内衬表皮粘贴在上面 （5）按拆卸的反向步骤，把清洗并干燥后的顶灯、空调系统零部件及其他压条等装饰件安装好。在安装周边压条时，把内衬表皮周边的粘贴余量用刀片或剪刀裁掉后安装好压条	

（续表）

序号	步骤	具体操作	备注
4	吊装型顶棚内衬装饰	（6）清洗护理，在内衬表皮装饰的最后，对表皮进行处理。即将仪表板清洁剂喷涂到内衬的表面上，然后用柔软的拭布进行擦拭，使人造革表面光泽明亮	
5	粘贴型内衬的装饰	（1）拆除内衬表层的 PVC 人造革 （2）制作新的 PVC 人造革表皮 （3）粘贴内衬表皮 （4）将原来拆下来的顶灯、空调系统零部件和装饰件等清洗干燥后，按拆卸时的反向工作安装好 （5）清洗护理	

七、车身贴饰

汽车车身是整车中最为醒目的地方，车身的艳丽装饰是美化汽车的一个重要途径。目前，主要的车身装饰方法除了喷涂各种颜色的花纹以外，还包括车身贴饰。

贴饰制作难度比较低，制作方案随意和简便，从一般的汽车装饰品厂家到印刷产品厂甚至是车主个人都可以制作适合各种车辆的贴花。

贴饰的粘贴步骤具体包括以下几步：

（1）确定需要贴纸部位。

（2）将车身需要贴纸部位清洁干净，可以用清洁剂与水的混合剂（1∶10）均匀地喷洒在车身部位，再用塑胶刮片或干净的毛巾将喷洒部位擦拭干净。

特别提示：

若擦得不干净，贴上贴纸后会有一点一点的凸起将贴纸顶起，产生不平滑，影响美观。

（3）用清洁剂与水的混合剂将要贴的地方再均匀喷洒一遍，保持湿润。

（4）将贴纸背面的一层保护层揭去，贴在车身部位，先固定左侧，再固定右侧，注意不能有褶皱和气泡。

(5) 车身与车门缝隙连接处，用剪刀沿着车门边剪开。注意剪切应该整齐，与地面垂直。

(6) 以剪开处为中心，将贴纸分别往两侧反方向平移 1.5 ~ 2mm 的距离（避免开 / 关门时擦到贴纸，引起贴纸卷边）。

(7) 分别以车门及车体两侧贴纸各自中心为中心，用塑胶刮片向四周均匀刮开，将水刮出来，若仍有少量沙粒，可将贴纸一角轻轻掀起，将沙粒取出后，再继续刮。

(8) 全部刮好后，保持 15 ~ 20min，使贴纸完全干后，再将贴纸表层撕去。

(9) 若要贴纸快速干，可用特制风筒轻吹，注意要保持一定的距离，否则会因高温破坏贴纸，产生起泡现象。

(10) 贴好后，也可用风筒将贴纸边角四周吹干。

八、车窗玻璃

车窗玻璃安装，分为镶嵌式安装和粘结式安装两种。

（一）镶嵌式安装

镶嵌式安装操作步骤，具体如下图所示。

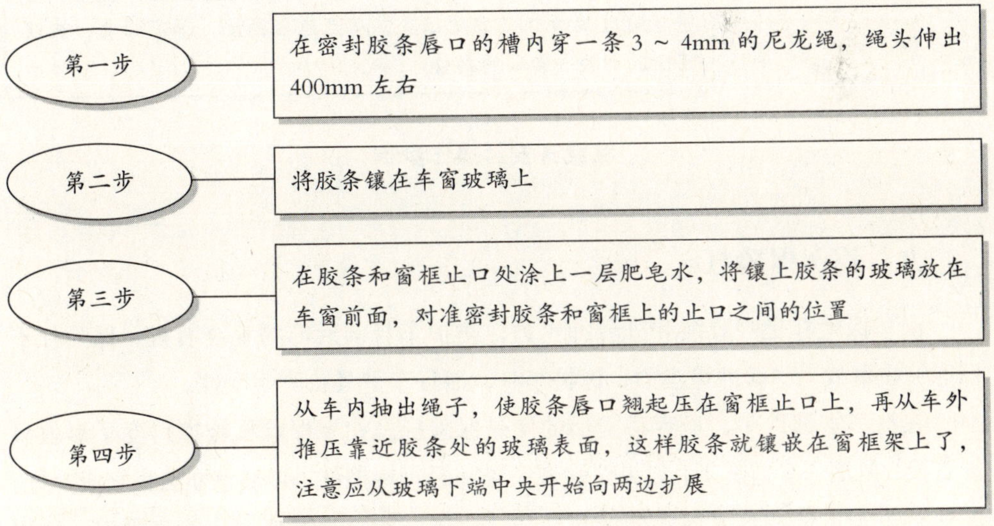

第五步：装好后在车外用掌心敲打玻璃，使之与车身牢固贴合

第六步：沿着窗框和玻璃贴一层胶纸，然后在密封胶条与窗框及玻璃之间加注粘结剂，等干后揭去胶纸，清除泄漏的粘结剂，装上外镶条

镶嵌式安装操作步骤

（二）粘结式安装

粘结式安装操作步骤，具体如下图所示。

第一步：清理窗框上残留的聚氨酯胶以及灰尘，使用玻璃清洁剂清理玻璃边缘

第二步：在玻璃边缘涂抹透明的聚氨酯底

第三步：将密封材料安装在窗框上，在窗框上涂上聚氨酯玻璃胶，其高度应高于密封材料以保证密封程度

第四步：将车窗玻璃放在正确的位置，压至适当高度，如有必要，应改用除胶剂除去多余的粘胶

粘结式安装操作步骤

九、汽车保险杠

汽车保险杠是吸收缓和外界冲击力，防护车身前后部的安全装置。保险杠不但能够在事故当中缓冲撞击力，保护车身，而且车型具备鲜明个性。

在汽车零部件中，最容易受伤的便是保险杠。如果保险杠被撞得变了形就只能更换，但是一般情况下，如果保险杠只是被轻轻地擦伤，必须想办法将它修补好。

选用专用化学合成剂修补保险杠是一个好方法，且操作起来非常简单，任何

人都可以进行修补，虽然很难恢复到新车时的模样，但可以做到不仔细看，很难分辨出来的程度。

具体操作步骤如下：

(1) 将保险杠上面的毛刺削去，最好用小刀削，将整体整理平滑，便于修补，坑洼部分涂上油灰使之平滑。

(2) 保险杠伤痕周围通常粘有很多污垢，为使油灰粘得较牢，应先清洗干净。

(3) 如果保险杠上沾有油污、油灰就很不容易粘牢，最好用涂料稀释液使修补部分脱漆。

(4) 准备各种颜色的油灰，最好选择较接近的颜色。

(5) 根据产品使用说明按比例混合来修补保险杠的油灰。

(6) 混合好后，用刮刀涂好油灰，窍门是嵌入伤痕部分。

(7)经过2～3h,油灰坚固后,用1000号左右的水砂纸打磨,经过一周后再喷漆。

十、车灯更换和安装

车灯在安装过程中，要注意以下几点：

(1) 不要直接用手接触灯泡玻璃，以免手本身分泌的油质沾在玻璃管上，造成玻璃表面热胀不同而导致破碎。万一让脏物沾在玻璃管上，要用布或纸巾擦拭干净。

(2) 更换灯泡应该在干燥的室内完成，注意灯罩防水衬套的严密安装，防止水汽进入。

(3) 更换灯泡时应该关掉电源，灯泡工作时温度很高不要用手直接接触以免烫伤。

(4) 在卤素灯的基础上改装HID时，要把高压包及安定器放置在比较通风的位置，以方便散热。

特别提示：

禁止把高压包、安定器放在发动机等发热较大的地方。如果两灯共用一根保险丝，该保险丝必须使用25～30A，如果两灯独立使用保险丝，必须使用10～15A，安装时要特别注意电源正负极和接地极。

十一、车身附加装置安装

（一）扰流板安装

扰流板可以提高空气的低风阻性能，使操纵控制性更优良。如出厂车子没有安装而想加装扰流板时，应注意以下要点：

（1）扰流板的选择，包括颜色、型号是否与车辆匹配。

（2）扰流板的高度。

（3）扰流板的材质有合成纤维或塑胶等，如使用塑胶时应考虑其热变形，以及日久后形状会有所改变。

（4）扰流板的尺寸、长度要适中，不可伸出行李箱，否则效果不良。

（5）扰流板有粘贴式或螺钉固定式，前者可避免破坏行李箱盖，不会漏水，而后者固定牢固，但因有钻孔会破坏行李箱盖的面貌，且安装不好时会发生漏水现象。

（6）在行李箱盖上找到适合位置，再与扰流板上的螺钉孔配合，做好记号，在行李箱盖上钻贯穿孔。

（7）先在钻孔位置与扰流板接合处注上硅胶以防漏水。

（8）将固定螺钉由行李箱内侧往外再固定锁紧。

（9）为避免漏水，应在固定后在固定架周围注入透明硅胶。

（二）导流板安装

导流板安装，具体包括以下步骤：

（1）拆下前保险杠下的车身板件。

（2）在前保险杠下面装上导流板，并与两个轮罩对中，同时应该保证导流板前面的上缘在前保险杠的里边，调整位置，使之协调。

（3）在车身和导流板上确定安装孔的位置。

（4）钻孔，拧紧紧固件。

（三）挡泥板安装

挡泥板的功用是在雨天行驶或在泥泞地行车时防止污泥、污水溅及车身下部。安装挡泥板的步骤及注意事项：

挡泥板安装在车上的方法有螺钉或拉拔钉固定法和粘贴法，无论固定法或粘贴法都可以按下列所陈述的方法进行。

(1) 将要安装挡泥板位置清洁干净，尤其是使用固定法时，要彻底清除挡泥板凸缘内侧污泥，并加以防锈，以防安装后因不清洁而生锈腐烂。

(2) 使用固定法时要用钻头在挡泥板凸缘唇上钻孔以便安装。

(3) 使用固定法，在安装部位同样要涂硅胶，以利结合紧密并可防止水分积存而腐烂。

(4) 将挡泥板装上，用固定法将螺钉或拉拔钉固定好。

(5) 为防止水分积存或渗入接合处造成钣金腐烂，可在挡泥板外缘注上一层透明的硅胶。

（四）轮弧饰片安装

轮弧饰片的功用，主要是减少轮弧翼子板受轻微或中度擦撞时，使其伤痕减至最低限度，当然也兼具美观的功用。安装时一般都使用四片装。安装轮弧饰片的方法与步骤如下：

(1) 将安装位置清洁干净，使用螺钉或拉拔钉固定时，翼子板凸缘唇的内缘污泥更要清除干净。

(2) 在翼子板凸缘唇与轮弧饰片相对位置，依孔径钻孔。

(3) 使用硅胶注在翼子板弧饰片安装部位上，如此会使接合紧密，不积水分。

(4) 将轮弧饰片贴上，并用螺钉或拉拔钉固定即可。

世界名车车标 21：雪佛兰 CHEVROLET

国家：美国

车标解析：雪佛兰商标是图案化了的蝴蝶结，象征雪佛兰轿车的大方、气派和风度。CHEVROLET 是瑞士的赛车手、工程师路易斯·雪佛兰的名字。

<<<本章小结

请根据本章内容，自己做一个小结：

1.重点：

（1）

（2）

2.难点：

（1）

（2）

3.个人感想：

（1）

（2）

第六章

汽车美容安全规范

第一节　汽车美容师自身安全防护

一、个人安全防护用品

个人安全防护用品指为防止一种或多种有害因素对自身的直接危害所穿用或佩戴的器具的总称。汽车美容师正确使用个人安全防护用品，可以避免操作过程中对身体造成直接危害。

（一）防护服

防护服分特殊作业防护服和一般作业防护服，能有效地保护，并不会对工作场所、操作对象产生不良影响。防护服种类，具体如下表所示。

防护服

序号	类别	说明	备注
1	棉布工作服	用天然植物纤维织物如纯棉白帆布、纯麻白帆布制作，厚约 0.6mm	具有隔热、易弹掉飞溅火星及熔融物、耐磨、扯断强度大、透气等特点
2	胶布雨衣	防雨	适用于雨天露天作业
3	防机械外伤和脏污工作服	工作服用量大，适于预防运送材料及使用工具时可能发生的机械伤害，或防止脏物污染	衣服面料要求耐磨并具有一定强度

（二）工作帽

工作帽用于保护头部，以消除或减轻坠落物、硬质物件的撞击和挤压伤害，还可以防止头发过长或掉落，对操作产生影响，是广泛使用的个人安全用品。

（三）眼部、面部防护

眼部、面部防护用品是指用于防止辐射、烟雾、化学物质、金属火花、飞屑和尘粒等伤害眼、面、颈的可观察外界的防护工具。

1. 防护眼镜

用来保护眼部，防止飞屑、尘粒、化学物质等伤害眼部。防护眼镜的质量一定要好，否则眼镜受到冲击损坏，会对眼睛造成更为严重的二次伤害。

2. 防护口罩

防止将烟雾、化学物质、有毒气体吸入肺部。有防尘口罩和防毒面具之分。烟尘严重的环境佩戴防尘口罩，有溶剂挥发的环境佩戴防毒面具。

3. 防护面罩

保护面部，防止辐射、火花等对面部和颈部的伤害。如果进行焊接操作，必须佩戴防护面罩。

（四）手、足部防护

手、足部的防护用品是根据作业环境中的有害因素，为防止各种手、足部伤害事故而戴用的特制手套和特制的鞋。

1. 防护手套

防止手部伤害，有皮手套、线手套、防水手套、耐溶剂手套等。

2. 安全鞋

保护脚部，安全鞋的性能有防滑、绝缘、防砸、耐溶剂、防水、抗高压等。根据工作环境的不同，安全鞋只具备其中的某几种功能，选择时要仔细辨认。

（五）耳部防护

耳塞、耳罩，在噪声较大的工作环境下使用，可以保护听力。

二、汽车美容行业常用防护用品

汽车美容行业经常接触的是水、各种清洗液和各种用电设备。

(1) 基本的防护用品一定要准备齐全，防水鞋、防水手套等就是必不可少的。

(2) 工作服规范，并且工作服上不能有尖锐的饰物，防止刮坏车身涂层。

(3) 底盘装甲操作时会有胶粒喷出，佩戴防护眼镜和防护口罩等。

三、安全守则

汽车美容师在工作时，必须遵守以下安全守则。

(1) 工作前必须穿戴好安全防护用品，不准穿拖鞋或赤脚进行作业。

(2) 特种作业人员须持证上岗，不准非特种操作人员乱动机械、电器设备。

(3) 在工作车间不得打闹、斗殴、吵架等。

(4) 不准酒后上班和工作时饮酒，严禁在车间内吸烟。

(5) 不准违章作业和野蛮操作。

(6) 加强对易燃物品的管理，不得随意乱放。

(7) 作业结束后及时清除场地油污等杂物，将设备工具整齐安放在指定位置，保持施工场地整齐清洁。

(8) 在车间、油库、材料间等处应配备充足的灭火器材，并加强维护，使之保持良好技术状态，正确使用灭火器材。

第二节　汽车美容师安全操作规程

一、常见安全问题

在汽车美容作业中存在常见的安全问题主要包括以下几种：

（1）使用的材料中，部分产品含有有机溶剂，当其蒸气与空气混合到一定比例时，一遇火源（不一定是明火）就会发生爆炸。

（2）汽车美容产品和汽车涂料中，部分以及颜料和添加剂等都含有毒性，大量吸入或长期接触皮肤，将可能引起职业性中毒。

（3）汽车科技含量很高，操作稍有不慎，就会引起汽车电器自锁、故障甚至损坏汽车电器或车身装饰，造成不必要的损失。

（4）汽车美容作业离不开用电，而作业场所潮湿是用电安全的隐患。

（5）废弃涂料、溶剂或被汽车美容用品其他材料污染的废抹布等保管不善，堆积在一起容易产生自燃。

（6）不遵守防火规则，在作业现场抽烟或使用明火。

因此必须采取有效的安全技术措施防火、防爆、防中毒和防触电，确保生产顺利进行。作为汽车美容师不但要熟练掌握汽车美容作业的规范和操作技能及所使用的产品性能，还要掌握作业中的安全防护知识。

二、清洗、护理安全操作

汽车表面清洗、护理中所使用的清洗剂多数都带有一定的毒性和腐蚀性，施工现场有水、电、气等，都有一定的危险性。为确保施工安全，人员和设备无损伤，汽车美容师必须遵守以下规则：

（1）从思想上重视安全工作，以高度的责任感和严肃的态度认真施工。树立安全第一、客户至上、精心服务的观念，严格遵守操作规程，杜绝事故的发生。

（2）熟悉施工现场及周围环境，了解水、电、气开关的位置及救护器材的位置，以备应急之用。

（3）熟悉施工安全技术，清洗剂的使用方法和急救方法。

（4）注意用电安全，地线必须搭铁，防止漏电，使用电器时要严防触电，不要用湿手和湿物接触开关。施工结束后，要及时把电源切断。

（5）直接接触酸、碱液时，应穿工作服、胶靴、防腐蚀手套，必要时应戴防毒口罩。

（6）清洗、护理作业现场必须整洁有序，严禁烟火。

（7）清洗、护理现场应有消防设备、管路，要有充足的水源和电源，确保施工安全需要。

（8）清洗、护理设备在使用前应进行试运转，使用后应用清水冲净。按要求维护，如有故障应及时排除并妥善保管。

（9）施工中排放的清洗废液应符合排放要求，不许随地乱排放。

（10）施工安全工作要有专人负责，定期检查，并不断总结安全施工的经验，确保安全施工。

三、修补涂装安全操作

修补涂装施工条件较差，汽车美容师大多在充满溶剂气体的环境中作业，不安全因素较多，因此要熟知作业特点和所使用设备的合理操作方法，保证安全施工。

（1）施工环境必须有良好的通风条件，若室内施工（特别是喷涂时）要有良好的通风设备。

（2）操作前根据作业要求，穿好工作服和鞋，戴好工作帽、口罩、手套、鞋罩和防毒面具。

（3）熟悉所使用的设备，使用前应进行检查。

（4）打磨施工中应注意物面有无凸出毛刺，以防划伤手指。

（5）在用钢丝刷、锉刀、气动和电动工具作金属表面处理时，需佩戴防护镜，以免眼睛沾污和受伤；如遇粉尘较多，应戴防护口罩，以防呼吸道感染。

（6）酸碱溶液要妥善保管，小心使用。搬运酸碱溶液要使用专门的工具，严禁肩扛、手抱。清除旧漆膜时，必须佩戴乳胶手套和防护眼镜，穿戴涂胶围裙和鞋罩。

（7）登高作业时，凳子要牢固，放置要平稳不得晃动，天热时不要穿拖鞋操作。

（8）施工场地的易燃品、棉纱等应随时清除，严禁烟火，涂料库房要隔绝火源，并有消防用品及严禁烟火的标志。

(9) 施工完毕后将设备、工具清理干净，摆放整齐，剩余涂料及溶剂要妥善保管以防溶剂挥发。

(10) 工作结束打扫施工场地时，用过的残漆、废纸、线头、废砂纸等要随时清理，放置在垃圾箱内。

四、设备安全操作

（一）电动、气动工具

(1) 熟悉所使用的工具，使用前应检查各零部件是否安装牢固，各紧固件连接是否牢靠，电缆及插头有无损坏、开关是否灵活及观察内部有无杂物。

(2) 使用前检查所用电压是否符合规定，电源应尽量使用 220V，如电源电压为 380V 时应检查搭铁是否良好，并注意地线标记。

(3) 使用电动工具操作时，检查是否搭铁，电线要有胶管保护。

(4) 经检查后可接通电源空运转，检查声音是否正常。

(5) 使用中如发现有大火花、异响、过热、冒烟或转数不足等现象，应停止使用，修复后再继续使用。

(6) 各电器元件应保持清洁，接触良好。轴承及变速箱内的润滑油每半年更换一次。

(7) 工具不用时应存放在干燥处，以防受潮与锈蚀。

(8) 使用风动工具时必须防止由于连接不牢而造成空气损失和人身事故。

(9) 工具在转动中不得随处放置，需要放置时应关机，停稳后再放下。

(10) 使用砂轮机时，开机后砂轮应轻轻接触工件。

（二）空气压缩机

(1) 空气压缩机应设专人开动和管理。

(2) 开动前认真检查空气压缩机、电机和电气控制部分是否良好，一切正常无误后，开动试转片刻，再正式使用。

(3) 气泵要按规定顺序启动，设备运转时要认真注意运转状况，观察气压表读数，发现异常现象要及时排除，再正式使用。

(4) 在工作中工作人员不得和其他人闲谈或随意离开机房，必要时应停机后再走，以防事故发生。

(5) 任何人不经操作人员同意，不准开动机器。

（三）车间通风机

(1) 风机设备必须由专人负责开动和管理，其他人不得随意开动。

(2) 在启动风机前必须检查电器设备正常后再启动。

(3) 每天清除电机及输气管道内的灰尘污垢以防通道堵塞。

(4) 风机在运转过程中如果发现不正常现象应立即停机，将故障排除后再工作。

（四）照明装置

(1) 施工场地的照明设备应有防爆装置。

(2) 涂料仓库照明开关应设在库外。

(3) 各种电气开关均应为密封式，并操作方便。

(4) 如果使用手灯，必须使用 36V 安全电压。

第三节　防火、防毒

一、防火

在汽车美容中，涂料和溶剂均属易燃易爆物品。涂料本身遇明火会发生火灾，而施工中挥发的溶剂蒸气遇空气混合达到一定浓度，一旦遇到明火就会发生爆炸。

（一）引发火灾和爆炸原因

施工场所发生火灾和爆炸事故的主要原因有以下几个方面：

（1）施工现场不具备安全防火的条件，没有通风排气设备，挥发的溶剂不能及时排出溶剂，蒸汽达到一定浓度，遇明火即发生起火爆炸。

（2）电气设备达不到防爆等级，照明灯、电动机、电气开关没有安装防爆装置，电气设备选用不当或损坏未及时维修，照明器具电机开关及配线等在危险场合使用，在结构上防爆考虑不充分，有产生火花的危险。

（3）浸有油性涂料或溶剂的棉纱、碎布等揩擦物，没有及时清理而长期堆积，由于化学反应会渐渐发热以至达到燃点而自动燃烧。

（4）不遵守防火规则，在操作车间现场使用明火和吸烟。

（5）施工场所没有足够数量的灭火器、黄沙及其他防火工具。

（二）防火措施

为消除火灾隐患，安全操作，需要做的防火措施，具体如下表所示。

防火措施

序号	类别	具体措施	备注
1	完善防火设施	操作车间所有结构件应采用耐火材料制成，并通风良好	
2	按防爆等级规定安装电器	（1）凡能产生电器火花的电器和仪表不得在施工场所使用	

（续表）

序号	类别	具体措施	备注
2	按防爆等级规定安装电器	（2）施工场所的电线、电缆、电动启动装置、配电设备、照明灯等都应符合防爆要求，电动工具和电器部分应搭铁良好 （3）在使用溶剂的直接场所，闸刀开关、配电盘、熔断器、普通电动机及照明开关应安装在室外	
3	严禁烟火	（1）施工场所严禁吸烟，不准携带火种入内 （2）如必须动用明火，只能在规定的安全区域内进行 （3）车间及仓库，设立“严禁烟火”的醒目标志	
4	防止冲击火花	（1）尽量避免敲打、碰撞、冲击、摩擦等操作 （2）用铁器开启金属桶、敲击法制件，甚至鞋底的掌钉与水泥地面摩擦都易产生火花，引起火灾 （3）对于燃点低的涂料或溶剂开桶时，应用非铁工具（如铜、铝制工具）开启，以免产生火花引起燃爆事故	
5	严防静电产生	施工场所的设备、管道、容器都应安装地线	
6	谨防自燃	（1）浸有油性涂料或溶剂的棉纱、碎布等揩擦物，必须放在指定地点 （2）定期销毁，更不许与涂料及熔剂混放同一场所	
7	避免积存过多的涂料	施工现场尽量避免积存过多的涂料与稀释剂，不可将盛涂料的容器开口放置	
8	废料严禁随意排放	作废易燃的溶剂和涂料要集中管理，并在安全场所销毁，严禁倒入下水道	
9	备足灭火器材	施工场所必须备有足够的灭火器、黄沙及其他灭火工具，并定期检查更换	
10	及时灭火	（1）当燃烧物遇明火发生燃烧时，应使用扑盖物罩上，或使用灭火器扑灭 （2）若发生较大火灾，应立即报警，立即切断电源、关闭运转的设备和邻近车间门窗，防止漫延并组织扑救	

（三）灭火方法

灭火的方法多种多样，但基本原则主要有以下三个：

(1) 隔离火源。发生火灾时，将火源与燃烧物迅速隔离，使之熄火。

(2) 隔绝空气。在燃烧物周围切断助燃的氧气供给，使其自动熄火，如漆桶着火，用盖子将桶盖住，或用不燃性气体（二氧化碳等）喷射倒燃烧物上。

(3) 冷却降温。用冷却液（如水）使被燃烧物的温度降低倒着火点以下，即可灭火。灭火器使用方法如下表所示。

灭火器使用方法

<table>
<tr><th>序号</th><th>类别</th><th>适用范围</th><th colspan="2">使用方法</th></tr>
<tr><td rowspan="2">1</td><td rowspan="2">泡沫灭火器</td><td rowspan="2">（1）扑救柴油、汽油、煤油、天那水等引起的火灾
（2）竹、木、棉、纸等引起的初期火灾
（3）不能用来扑救忌水物质的火灾</td><td>手提式</td><td>平稳将灭火器提到火场，用手指压紧喷嘴，然后颠倒器身上下摇晃，松开喷嘴，将泡沫喷射到燃烧物表面</td></tr>
<tr><td>推车式</td><td>将灭火器推到火场，按逆时针方向转动手轮，开启瓶阀，卧倒器身，上下摇晃几次，抓住喷射管，扳开阀门，将泡沫喷射到燃烧物表面</td></tr>
<tr><td rowspan="2">2</td><td rowspan="2">二氧化碳灭火器</td><td rowspan="2">（1）扑救电气设备、精密仪器、图书、档案、文物等
（2）不能用来扑救碱金属、轻金属的火灾</td><td>手提式</td><td>拔掉保险销或铅封，握紧喷筒的提把，对准起火点，压紧压把或转动手轮，二氧化碳自行喷出，进行灭火</td></tr>
<tr><td>推车式</td><td>卸下安全帽，取下喷筒和胶管，逆时针方向转动手轮，二氧化碳自行喷出，进行灭火</td></tr>
<tr><td>3</td><td>干粉灭火器</td><td>扑救石油产品、油漆、可燃气体、电气设备等火灾</td><td colspan="2">撕掉铅封，拔去保险销，对准火源，一手抓住胶管，一手按一下压把，干粉自行喷出，进行灭火</td></tr>
<tr><td>4</td><td>消火栓</td><td>（1）不能用于扑救与水能发生化学反应的物质引起的火灾
（2）不能用于高压电器设备和档案、资料等引起的火灾</td><td colspan="2">（1）将存放消火栓的仓门打开，将水袋取出，平放打开
（2）将阀头接在水袋上，对准火源
（3）双手托起阀头，打开水闸，进行灭火</td></tr>
</table>

二、防毒

清洗剂、护理用品、涂料及溶剂大部分都有毒，在喷射时所形成的喷雾、涂膜在干燥过程中所挥发出来的溶剂气体通过人的呼吸道或皮肤渗入人体，对人体神经系统和血液系统产生刺激和破坏作用，会造成头晕、头痛、失眠、乏力和记忆力减退等症状，它还能造成人体血液系统的损害，引起白血球减少，出现红血球和血小板降低，以及皮肤干燥、搔痒等症状。为防止发生中毒事故，应采取防护措施。

（一）控制空气中有毒物质的浓度

为确保身体健康，必须采取有效措施控制空气中有害物质的浓度，使空气中的溶剂蒸气浓度降低到最高许可浓度以下，即长期不损害的安全浓度。一般最高许可浓度是毒件下限值的 1/2 ~ 1/10。

控制空气中有毒物质浓度具体措施有：

（1）施工场所应有良好的通风和排风换气设备，使空气流通，加速有害气体的散发，使空气中有害气体含量不超过卫生许可浓度。

（2）在采用暖风的情况下，一般不采用循环风。在有害气体浓度不超标的场合才允许部分采用循环风。

（3）含有毒材料的尘雾和气体应经过净化处理后排入大气，排气风管应超出屋顶 1m 以上。

（4）吸新鲜空气点和排废气点之间距离在水平力向不小于 10m。

（二）防毒措施

防毒措施主要包括以下几项：

（1）汽车美容师在操作时，应穿戴好各种防护用具，如专用工作服、手套、面具、口罩和鞋帽，不允许将工作服穿着离开车间。

（2）操作前穿戴好劳动保护用品。使用有空气净化器的头罩或面罩。

（3）施工时，如感头痛、眩晕、心悸、恶心时，应立即离开现场到通风处呼吸新鲜空气．严重的应及时治疗。

（3）为防止有毒气体通过肺部吸入人体，在上漆时要戴附有活性炭的防毒面具。有毒气体还可通过皮肤进入人体，而发生危害作用，因此在施工完毕后，要用肥皂洗验和手。

（4）为保护皮肤，施工前可涂以防护油膏，施工后洗干净，再涂其他润肤油膏保护。

(5) 随时注意个人卫生和保健，不能在施工场所进食、就餐、饮水和吸烟，工作衣物要隔离存放并定期清洗。

(6) 工作结束后应洗淋浴，换好干净衣服到室外呼吸新鲜空气，多喝开水湿润气管，加速喝增加排毒能力。

世界名车车标 22：福特 FORD

国家：美国

车标解析：福特汽车的标志采用福特英文 Ford 字样，蓝底白字。由于创建人亨利·福特喜欢小动物，所以标志设计者把福特的英文画成一只小白兔样子的图案。

<<<本章小结

请根据本章内容，自己做一个小结：

1.重点：

（1）

（2）

2.难点：

（1）

（2）

3.个人感想：

（1）

（2）

参考文献

[1] 夏怀成，许金花．汽车养护与美容．北京：机械工业出版社，2011.

[2] 宋孟辉，孙涛．汽车美容与装饰．北京：机械工业出版社，2010.

[3] 张兆阳．汽车美容操作技术要领图解．济南：山东科学技术出版社，2011.

[4] 甘文嘉．现代汽车美容与装潢．上海：上海交通大学出版社，2002.

[5] 李永力．汽车美容装饰培训教程．北京：化学工业出版社，2008.

[6] 阙广武，程农．汽车美容装潢工基本技术．北京：中国电力出版社，2007.

[7] 邢忠义．汽车美容实务．北京：电子工业出版社，2006.

[8] 安军．汽车美容．重庆：重庆大学出版社，2009.